钱宾四先生
学术文化讲座

维柯的《新科学》
及其对中西美学的影响

朱光潜　著

中华书局

图书在版编目(CIP)数据

维柯的《新科学》及其对中西美学的影响/朱光潜著. —北京：中华书局,2016.9
（钱宾四先生学术文化讲座）
ISBN 978-7-101-12039-4

Ⅰ.维…　Ⅱ.朱…　Ⅲ.哲学思想-研究-意大利-中世纪
Ⅳ.B546

中国版本图书馆 CIP 数据核字（2016）第 195188 号

书　　名	维柯的《新科学》及其对中西美学的影响	
著　　者	朱光潜	
丛 书 名	钱宾四先生学术文化讲座	
责任编辑	申作宏	
出版发行	中华书局	
	（北京市丰台区太平桥西里 38 号　100073）	
	http://www.zhbc.com.cn	
	E-mail:zhbc@zhbc.com.cn	
印　　刷	北京新华印刷有限公司	
版　　次	2016 年 9 月北京第 1 版	
	2016 年 9 月北京第 1 次印刷	
规　　格	开本/889×1194 毫米　1/32	
	印张 4¼　字数 65 千字	
印　　数	1-6000 册	
国际书号	ISBN 978-7-101-12039-4	
定　　价	30.00 元	

图书策划:活字文化 ▮

总　序

金耀基

今年是香港中文大学新亚书院创校六十周年，新亚书院之出现于海隅香江，实是中国文化一大因缘之事。六十年前，几个流亡的读书人，有感于中国文化风雨飘摇，不绝如缕，遂有承继中华传统、发扬中国文化之大愿，缘此而有新亚书院之诞生。老师宿儒虽颠沛困顿而著述不停，师生相濡以沫，弦歌不辍而文风蔚然，新亚卒成为海内外中国文化之重镇。1963 年，香港中文大学（下简称"中文大学"或"中大"）成立，新亚与崇基、联合成为中大三成员书院。中文大学以"结合传统与现代，融会中国与西方"为愿景。新亚为中国文化立命的事业，因而有了一更坚强的制度性基础。1977 年，我有缘出任新亚书院院长，总觉新亚未来之发展，途有多趋，但归根结底，总以激扬学术风气、树立文化风格为首要。因此，我与新亚同仁决意推动一些长期性的学术文化计划，其中以设立与中国文化特别有关之"学术讲座"为重要目标。我对新亚的学术讲座提出了如下的构想：

"新亚学术讲座"拟设为一永久之制度。此讲座
由"新亚学术基金"专款设立，每年用其孳息邀请
中外杰出学人来院作一系列之公开演讲，为期两周至
一个月，年复一年，赓续无断，与新亚同寿。"学术
讲座"主要之意义有四：在此"讲座"制度下，每年
有杰出之学人川流来书院讲学，不但可扩大同学之视
野，本院同仁亦得与世界各地学人切磋学问，析理辩
难，交流无碍，以发扬学术之世界精神。此其一。讲
座之讲者固为学有专精之学人，但讲座之论题则尽量
求其契扣关乎学术文化、社会、人生根源之大问题，
超越专业学科之狭隘界限，深入浅出。此不但可触引
广泛之回应，更可丰富新亚通识教育之内涵。此其
二。讲座采公开演讲方式，对外界开放。我（个人）
相信大学应与现实世界保有一距离，以维护大学追求
真理之客观精神，但距离非隔离，学术亦正用以济
世。讲座之向外开放，要在增加大学与社会之联系与
感通。此其三。讲座之系列演讲，当予以整理出版，
以广流传，并尽可能以中英文出版，盖所以沟通中西
文化，增加中外学人意见之交流也。此其四。

新亚书院第一个成立的学术讲座是"钱宾四先生学术

文化讲座"。此讲座以钱宾四先生命名，其理甚明。钱穆宾四先生为新亚书院创办人，一也。宾四先生为成就卓越之学人，二也。新亚对宾四先生创校之功德及学术之贡献，实有最深之感念也。1978年，讲座成立，我们即邀请讲座以他命名的宾四先生为第一次讲座之讲者。八十三岁之龄的钱先生缘于对新亚之深情，慨然允诺。他还称许新亚之设立学术讲座，是"一伟大之构想"，认为此一讲座"按期有人来赓续此讲座，焉知不蔚成巨观，乃与新亚同跻于日新又新，而有其无量之前途"。翌年，钱先生虽困于黄斑变性症眼疾，不良于行，然仍践诺不改，在夫人胡美琦女士陪同下，自台湾越洋来港，重踏上阔别多年的新亚讲堂。先生开讲的第一日，慕其人乐其道者，蜂拥而至，学生、校友、香港市民千余人，成为一时之文化盛会。在院长任内，我有幸逐年亲迎英国剑桥大学的李约瑟博士、日本京都大学的小川环树教授、美国哥伦比亚大学的狄百瑞教授和中国北京大学的朱光潜先生，这几位在中国文化研究上有世界声誉的学人的演讲，在新亚，在中大，在香港，都是一次次文化的盛宴。1985年，我卸下院长职责，利用大学给我的长假，到德国海德堡做访问教授，远行之前，职责所在，我还是用了一些笔墨劝动了美国哈佛大学的杨联陞教授来新亚做八五年度讲座的讲者。这位自嘲为"杂家"、被汉学界奉为"宗匠"的史学家，在新亚先后三次演讲中，对中国文化中"报"、"保"、"包"三个关键词作了渊渊入微的精彩阐析，从我的继任林聪标院长信中知道杨先生的一系列演讲固然圆满成功，而许多活动，更是多彩多姿。联陞先生给我的信中，也表示他与夫人的香港之行十分愉快，还嘱我为他的讲演集写一跋。这可说是我个人与"钱宾四先生学术文化讲座"画上了愉快的句点。此后，林聪标院长、梁秉中院长和现任的黄乃正院长，都亲力亲为，年复一年，把这个讲座办得有声有色。自杨联陞教授之后，赓续来新亚的讲座讲者有余英时、刘广京、杜维明、许倬云、严耕望、墨子刻、张灏、汤一介、孟旦、方闻、刘述先、王蒙、柳存仁、安乐哲、屈志仁诸位先生。看到这许多来自世界各地的杰出学者，不禁使人相信，东海、南海、西海、北海，莫不有对中国文化抱持与新亚同一情志者。新亚"钱宾四先生学术文化讲座"的许多讲者，他们一生都在从事发扬中国文化的事业，或者用李约瑟博士的话，他们是向同代人和后代人为中国文化做"布道"的工作。李约瑟博士说："假若何时我们像律师辩护一样有倾向性地写作，或者何时过于强调中国文化贡献，那就是在刻意找回平衡，以弥补以往极端否定它的这种过失。我们力图挽回长期以来的不公与误解。"的确，百年来，中国文化屡屡受到不公的对待，甚焉者，如在"文化大革命"中，中国传统的文化价值，且遭到"极端否定"的命运。正因此，新亚的钱宾四先生，终其生，志力所在，都在为中国文化招魂，为往圣继绝学，而"钱宾四先生学术文化讲座"

之设立，亦正是希望通过讲座讲者之积学专识，从不同领域，不同层面，对中国文化阐析发挥，以彰显中国文化千门万户之丰貌。

"钱宾四先生学术文化讲座"讲者的演讲，自首讲以来，凡有书稿者，悉由香港中文大学出版社印行单行本，如有中、英文书稿者，则由中文大学出版社与其他出版社，如哈佛大学出版社、哥伦比亚大学出版社，联同出版。三十年来，已陆续出版了不少本讲演集，也累积了许多声誉。日前，中文大学出版社社长甘琦女士向我表示，讲座的有些书，早已绝版，欲求者已不可得，故出版社有意把"讲座"的一个个单行本，以丛书形式再版问世，如此则搜集方便，影响亦会扩大，并盼我为丛书作一总序。我很赞赏甘社长这个想法，更思及"讲座"与我的一段缘分，遂欣然从命。而我写此序之时，顿觉时光倒流，重回到七八十年代的新亚，我不禁忆起当年接迎"钱宾四先生学术文化讲座"的几位前辈先生，而今狄百瑞教授垂垂老矣，已是西方新儒学的鲁殿灵光。钱宾四、李约瑟、小川环树、朱光潜诸先生则都已离世仙去，但我不能忘记他们的讲堂风采，不能忘记他们对中国文化的温情与敬意。他们的讲演集都已成为新亚书院传世的文化财产了。

二〇〇九年六月二十二日

目　录

迎朱光潜先生来新亚书院讲学（金耀基）　　　　　　1

维柯的《新科学》及其对中西美学的影响　　　　　　1

附篇一　发现真正的荷马（《新科学》第三卷）　　　51

附篇二　维柯《新科学》的结论篇　　　　　　　　95

迎朱光潜先生来新亚书院讲学

金耀基

一

　　新亚书院在成立之始，即有公开学术讲座的制度，学术为天下公器之精神一直为新亚人所珍贵。1977年，我们募得一笔基金，创办了"钱宾四先生学术文化讲座"，使讲座有了永久的基础。

　　新亚同仁相信学术没有国界、不分大学的世界精神，同时，我们更相信中国文化之发展，必须通过学术研究，中西文化之交流。以此，"钱宾四先生学术文化讲座"所邀请的讲者就不局限于一地一国，且有意识地使它成为国际性的学术活动。第一讲邀请钱宾四先生亲自主讲后，我们依次邀得了英国剑桥大学的李约瑟博士、日本京都大学的小川环树教授和美国哥伦比亚大学的狄百瑞教授主持讲演。这几位都是当今国际上对中国文化之研究有卓越贡献的学人，他们的讲堂风采固然在听众的心目中留下深刻难忘的印象，他们的讲词通过专书的出版更是流传久远，影响不磨。今年，我们的眼光，又从西方返回东方，我们邀请了北京大学的朱光潜教授作为1983年的"钱宾四先生学术文化讲座"的讲者。

二

朱光潜先生，笔名孟实，是中国著名的美学家、文艺理论家。谈中国的美学，是不可能不联系到孟实先生的。诚然，朱光潜三个字与中国的美学是不可能分开的。从他学生时代《给青年的十二封信》（1931）这本书出版后，先生即在广大的青年读者心中建立起一个亲切而可敬的形象。先生的第一部美学著作——《文艺心理学》（写成于1931年，1936年问世）是蔡元培先生提倡"美育代宗教说"以来，第一部讲得"头头是道，醰醰有味的谈美的书"（朱自清语）。接着，他发表了《谈美》（1932）、《孟实文钞》（1936）、《谈修养》（1946）、《谈文学》（1946），并译出他的美学思想的最初来源——克罗齐的《美学原理》。此外，他还出版了《变态心理学》（1933）、《变态心理学派别》（1930）和《诗论》（1931年写作，1943年出版）。同时，在英哲罗素的影响下，还写了一部《符号逻辑》（稿交商务印书馆，不幸在日本侵略上海时遭炮火焚毁了）。1948年初则出版了《克罗齐哲学述评》。这些极有分量并且在中国美学园地上播种的著作，有许多都是光潜先生尚在英、法留学，德、意游历时期的产品。在英、法留学八年之中，他大部分的时间都花在大英博物馆和大学的图书馆里，一边研究，一边著述。从这些著作的质量，我们可以想象得到先生读书之勇猛和写作之勤快。

光潜先生于1925年考取安徽官费留英，取道苏联，进入爱丁堡大学，选修英国文学、哲学、心理学、欧洲古代与艺术史，亲炙谷里尔、侃普·斯密斯等著名学人。毕业后，转入伦敦大学的大学学院，并在海峡对面的巴黎大学注册，偶尔过海听课。巴黎大学的文学院院长德拉克罗瓦教授讲"艺术心理学"触发了他写《文艺心理学》的念头，而在爱丁堡大学时，因为《悲剧的喜感》一文获心理学导师竺来佛博士之青睐，使他起念写《悲剧心理学》。后来，他离开英国，转到莱因河畔，诗哲歌德的母校——斯特拉斯堡大学，完成了极具原创性的《悲剧心理学》（*The Psychology of Tragedy*）的论文，嗣后并由该校大学出版社出版。去年5月，先生来函告诉我，这本原由英文写作的论文不久将有中译本（张隆溪译）问世了。

三

光潜先生的求学和学术事业是很曲折、很不平凡的。他于1897年出生在安徽桐城的乡下，从六岁到十四岁，受的是私塾教育，到十五岁才入"洋学堂"（高小），在高小只待了半年，便升入桐城派古文家吴汝纶创办的桐城中学，这使他对古文发生很大的兴趣。1916年中学毕业，当了半年的小学教员，虽然心慕北京大学之"国故"，但因家贫出不起路费和学费，只好进了不收费的武昌高等师范的中文系，由于师资不济，一无所获，幸而读了一年后，就通过了北洋军阀教育部的考试，被选送到香港大学读教育学。当时一共有二十名学生，他是其中之一。这二十个学生，尽管来自不同省籍，但在学校里则一律被称为"北京学生"。他在一篇回忆的文中说，"北京学生"都有"十足的师范生的寒酸气"，在当时洋气十足的港大要算"一景"。他与朱跌苍和高觉敷还赢得"Three Wise Men"的诨号。先生对当时的几位老师一直有很深的眷念，如老校长爱理阿特爵士、工科的勃朗先生、教哲学的奥穆先生。他对教英国文学的辛博森教授，尤为心折，以后并进入辛博森的母校——爱丁堡大学。

到港大后不久，国内就发生了五四运动。洋学堂对五四运动虽然漠不相关，但先生早就酷爱梁任公的《饮冰室文集》，在香港又接触到《新青年》，故而新文化运动和白话文运动对先生都有深刻的影响，他的第一篇处女作《无言之美》就是用白话文写的。港大毕业后，先生曾先后在上海吴淞中学、浙江上虞白马湖的春晖中学教书。在春晖，他结识了匡互生、朱自清和丰子恺几位好友，后来，他们都到了上海，再交上了叶圣陶、胡愈之、周予同、刘大白、夏衍，由于志同道合，成立了个立达学会，在江湾筹办了一所立达学园，并由先生执笔发表一个宣言，提出了教育独立自由的主张。同时，他们又筹办了开明书店和一种刊物（先叫《一般》，后改名《中学生》）。"开明"就是"启蒙"，先生一生从事学术工作，但他并不喜欢"高头讲章"，始终不忘记教育下一代青年的责任，因此，总爱以亲切平白的文字，与读者对话晤面，在八十高龄之年，他还写了《谈美书简》这样深入浅出的文章。他在青年的心中，始终是一位循循善诱的好老师，尽管他对美学有渊渊其深的修养，但他一直以散播美学的种子、丰富人生的艺术化为教育的目标。

先生学成返国后，应胡适之、朱自清和徐悲鸿的邀请，先后在北京大学、清华大学研究班和中央艺术学院教书。那时文坛上正逢"京派"和"海派"的对垒，由于先生是胡适请去北大的，也就成了"京派"人物。后来，他与杨振声、沈从文、周作人、俞平伯、朱自清等，主编了商务出版的《文学杂志》，这个杂志的发刊词就出于先生的手笔，他呼吁在诞生中的中国新文化要走的路应该广阔些、丰富多彩些，不应过早地窄狭化到只准走一条路；这是他文艺独立自由的一贯见解，也即他一早就主张百家争鸣，反对搞"一言堂"。事实上，他身体力行，《文学杂志》刊出的文章就并不限于"京派"人物的，像闻一多、冯至、李广田、何其芳、卞之琳等人的文章一样出现在这份风行一时的刊物上。

<h1 style="text-align:center">四</h1>

在过去三十年中，先生的学术生涯是崎岖险峻的，学术文化界不断受到"左"和"右"的干扰，特别是"文化大革命"中"四人帮"对文艺界施行专政达十年之久，对文化学术到处设置禁区，出现强烈的反智主义的倾向，造成了万马齐喑的局面。无疑地，这一段漫长的时间，对所有具有学术尊严与良心的读书人都是一个严厉的冲击与考验。光潜先生由于在美学上的领导地位，也因此成了"反动学术权威"，成为批判对象之一。从1958年到1962年，大陆美学界进行了全国性的大辩论，先生的学术观点受到严厉的批判。他对待这次批判的态度则是认真而不含糊的，他不亢不卑，"有来必往，无批不辩"，充分显示了一个伟大学人的风范。在整个过程中，先生的心灵是开放的，他就事论事，就理以言理，安定而泰然。他不惮于修正自己的观点，但同时也敢于坚持自己认为正确的东西。为了对美学有全面的体认，他且决心研究马列的美学思想，但当时一位论敌公开宣布："朱某某不配学马列主义！"这样就更激发了先生致力马列的钻研，凡是译文读不懂的必对照德文、俄文、法文和英文的原文，并且对译文错误或欠妥

处都做了笔记，提出校改意见。我们应知道，那时，先生已近六十岁了，他对法、德、英各国文字原是极有修养的，但俄文则必须从头学起，他的俄文是完全自学的，他一面听广播，一面抓住契诃夫的《樱桃园》、屠格涅夫的《父与子》和高尔基的《母亲》这些书硬啃，一遍一遍地读，有些章节到了可以背诵的程度，就以这样惊人的毅力学会了俄文，使他掌握了所有研究马列的重要语言。先生所写的探讨马克思主义基本原理的论文，以及他对马克思的《关于费尔巴哈的提纲》和《1844年经济哲学手稿》中关键章节的详透注释和评估，足可以使那些死抱马列教条而无真解的论敌汗颜无地。至于1963年先生撰写的二卷本《西方美学史》，则是他回国后二十年中一部下过大功夫的美学巨制，论者认为这部著作"代表了迄今为止中国对西方美学的研究水平"，应非过誉！但"文革"爆发之后，这部著作被打入冷宫，而先生也被关进了"牛棚"，被迫放弃了教学和研究工作。在"牛棚"时，先生说："我天天疲于扫厕所、听训、受批斗、写检讨和外访资料，弄得脑筋麻木到白痴状态。"像朱光潜先生这样正直、清纯、温厚的老学人都受到这样的糟蹋，"文革"对中国文化学术的摧残之大之深，可以思过半矣。

五

光潜先生半个多世纪以来，一直坚守在美学岗位上，尽管他在美学界赢得崇高的地位，但他从来没有自立门户，也不企图成一家言，他所坚持的只是博学守约和科学的谨严态度，并且要把中国的美学接合上世界美学的潮流。他相信美学作为一门专门学问，必须放在一个广博的文化基础上，他说："研究美学的人如果未学一点文学、艺术、心理学、历史和哲学，那会是一个更大的欠缺。"在长年的美学论战中，他发现有些美学"专家"，玩概念、套公式，而硁硁拘守于几个僵化的教条，他相信这种廉价式的美学观主要是由于这些"专家"缺少美学必要的知识基础。先生认为思想僵化的病根是"坐井观天"、"画地为牢"和"固步自封"。他常把朱晦翁的一首诗作为座右铭："半亩方塘一鉴开，天光云影共徘徊。问渠那得清如许，为有源头活水来。"而光潜先生的源头活水则是东西方的学术传统。他认为西方的经典著作虽然有其局限性，但不可盲目排斥，必须一分为二，做批判性的接受与继承，所以他自五十年代以来，孜孜不倦，继续翻译了《柏拉图文艺对话集》、莱辛的《拉奥孔》、歌德的《谈话录》以及三大卷的黑格尔的《美学》；他于八十高龄之后，还以两年的时间译了维柯四十万言的《新科学》(*Scienza Nuova*)。这些伟大的经典著作，都是光潜先生的源头活水，所以他的生机不绝，精神常新。我们知道，只有通过对传统经典的掌握，中国美学才能站在巨人的肩上，有更高更远的视界和发展！

讲到中国美学的发展，先生一直就主张思想的自由与解放，由于"文革"的毒害，学风败坏，邪气滋长，陷阱处处，寸步难行，温文敦厚的光潜先生也发怒了，他挺身发出"冲破禁区"的讨檄令。他要冲破"人性论"的禁区、"人道主义"的禁区、"人情味"的禁区、"共同美感"的禁区，特别是"四人帮""三突出"谬论对于人物性格所设的禁区。他说："冲破他们所设置的禁区，解放思想，按照文艺规律来繁荣文艺创作，现在正是时候了！"光潜先生所发的怒不是个人的，而是为中国学术文化的前途而发的！但丁的"地狱"门楣上有两句诗告诫探科学之门的人说："这里必须根绝一切犹豫，这里任何怯懦都无济于事。"在探索真理的道路上，先生没有犹豫，没有怯懦。

六

朱光潜先生今年已经是八十六岁高龄了，但他在学术的前线上还没有退下来。事实上，在他，学术只有开始，没有结束，他说："我一直在学美学，一直在开始的阶段。"这不只显示了他对学问的炽热，也显示了他生机的丰盛。六十岁开始学俄文，八十岁之后译《新科学》，这是何等精神！真的，光潜先生无时无刻不在学术园地里耕耘，最近出版的《美学拾穗集》，收录的都是他八十岁以后的文字。他把此书取名"拾穗集"，把自己比拟为米勒名画中三位拾穗的乡下妇人。只有真正体认到学问之庄严与无止无境，才会有这样虚怀若谷的襟怀！去年 10 月 19 日，北京大学在未名湖畔的临湖轩，为先生从事教育六十周年，举行了一个隆重的庆祝会，席上他说："只要我还在世一日，就要做一天事，春蚕到死丝方尽，但愿我吐的丝凑上旁人吐的丝，能替人间增加哪怕一丝丝的温暖，使春意更浓也好。"

　　光潜先生对美学的贡献，不只为国人所公认，在国际上，杜博妮博士（Bonnie S. McDougall）在瑞典诺贝尔基金会资助的讨论集中发表的《朱光潜从倾斜的塔上望十九世纪三十年代的美学和社会》，英国格拉斯哥大学的拉菲尔（D. D. Raphael）写的《悲剧是非两面谈》和意大利汉学院的沙巴提尼教授（M. Sabattini）写的《朱光潜在文艺心理学中的克罗齐主义》，都对他的美学成就予以高度评价与赞誉。令人感到最安慰和高兴的是，上海文艺出版社已陆续出版五大卷的《朱光潜美学文集》。除了数以百万言的译作之外，先生的美学著作和与美学直接有关的文学、心理和哲学著作都忠实地收进去了！这个文集反映了先生美学思想的发展行迹，也显示了这位不厌不倦的学人卓越的成就！

七

今年三月中旬光潜先生将来香港中文大学新亚书院讲学。香港是先生旧时读书之地，这里有他美好的回忆，对这个阔别了六十一年的城市，先生必然另有一番滋味，而三月初春的香港一定会因光潜先生之来而春意更浓，欢迎先生的又何止新亚书院的师生呢！

1983年2月2日

维柯的《新科学》及其对中西美学的影响

一、维柯的生平和时代背景

　　杨巴蒂斯塔·维柯（Giambattista Vico, 1668—1744）是意大利法学家、历史学家、语言学家，近代社会科学的创始人，历史发展观点和民主思想的倡导人。他出生于意大利南部那不勒斯城邦，父亲是当地一个小书商，家境穷困。维柯幼年误坠楼，身体受到损伤，精神也受到影响。他幼时受到天主教会的小学教育，大部分时间靠努力自学。他在一个西班牙贵族罗卡（Rocca）家里当过九年（1686—1695）私塾教师，他的东家在学术上很有地位，藏书很多，对他的成长颇有帮助。他自幼就爱研究罗马法和拉丁语言文学。他在他父亲被控诉的案件中，以一个十八岁的青年，出席法庭替父亲辩护而且获得胜诉。他上过那不勒斯大学，学习罗马法和修辞术。毕业后，1723 年参加那不勒斯大学法学教授竞选而落了选，主要由于靠山不硬。后来才当选为拉丁修辞学讲师，薪金甚微，还不到高薪教授的一小半。他一直穷苦，1725年出版《新科学》，他因须自付印刷费，不得不把仅有的一枚珍贵的戒指都卖掉了。

意大利是欧洲文艺复兴的发源地。但丁（Dante）、彼特拉克（Petrarca）、薄伽丘（Boccaccio）、达·芬奇（Leonardo da Vinci）、米开朗琪罗（Michelangelo）、塔索（Tasso）、康帕内拉（Companella）等一系列人文主义者先驱的名字，至今仍然照耀着史册。在接下去的启蒙运动中，维柯继布鲁诺（G. Bruno）和伽利略之后成了卓越的领导人物。他的家乡那不勒斯在学术活动方面与威尼斯相抗衡，比罗马更活跃。从当时旅游记录看，英、法、德、西几个先进国家文化界的领导人物大半都到过那不勒斯，其中还有不少人和维柯有直接或间接的来往讨论。维柯的成就是在艰难岁月里艰苦奋斗获得的。他特别感到在宗教和政治的夹缝中做人的难处。我们应记住他的家乡一方面在罗马教廷的宗教裁判所直接监视之下，另一方面又不断地受到邻邦西班牙、奥地利和法兰西的侵略和统治。在维柯的一生中，那不勒斯在1707年前受西班牙总督的统治，从1707年到1734年受到奥地利总督的统治，从1734年到维柯去世时又受到法国派遣的波旁国王的统治。罗马教廷的宗教裁判所对布鲁诺和伽利略的残酷迫害的幽灵，仍在每个哲学家和科学家的头脑里徘徊。维柯的矛盾在于，他一方面受到早年教育的影响，成了一个虔诚的天主教徒，而另一方面在时代潮流冲击之下，在探讨新科学之中，已变成一位坚贞的自由思想的战士。从他的《自传》看，他并不敢得罪罗马教廷，因为怕教廷禁止他的著作出版。《新科学》送审时，维柯竟遵照教廷检察官的意见，对原稿进行了一些修改（详见《自传》）。至于外来政权的统治，自从马丁·路德的宗教改革运动展开以来，已日渐缓和。统治那不勒斯的西班牙总督为巩固和发展世俗政权起见，曾正式禁止宗教裁判所在那不勒斯的活动，还借奖励学术的幌子来牢笼人心。维柯是站在比罗马天主教廷稍为进步的世俗政权方面的。他曾公开宣布西班牙政权是他的"恩护主"（mascenas）。他用拉丁文写的诗歌几乎全是献给西班牙皇帝及其家族的贺词和颂词，因此他得到西班牙皇帝卡洛斯二世的宠遇，在 1699 年被任命为那不勒斯的皇家历史编纂，从而在搜集历史资料和进行学术研究方面得到了一些便利。他的经济状况始终很穷困，晚年家庭中还有些纠纷。1744 年 1 月去世，享年七十六岁。

维柯的主要著作是《新科学》（Scienza Nuova），经过一版、二版一再修改，最后以第三版为定本，在 1744 年以后陆续在罗马和巴里等地印行。现在流行的是由研究维柯的专家尼柯里尼（F. Nicolini）在克罗齐（Croce）帮助之下校订和编辑的意大利文标准本。中文译本是根据 1975 年贝根（Bergin）和费希（Fisch）的英译本。

二、《新科学》全书的规划

《新科学》的全名是《关于各民族共同性的新科学的原则》。全书分五卷：（一）原则的奠定；（二）诗性智慧；（三）发现真正的荷马；（四）世界各民族所经历的过程；（五）各民族复兴时人类典章制度的复演过程，附全书的结论。

正文之外，书首扉页还附载了一幅图，画着玄学女神（实即维柯本人）站在地球上仰望天空，胸部放射出两道光，一道光射向上方三角形中天神的眼睛，在观照着人类心灵和制度的起源和演变，这道光代表着诗性智慧和神学诗人；另一道光射向神学诗人之祖荷马的雕像，荷马立在一个破裂的台基上，表示真正的荷马还有待发现。地球斜靠着正中的祭坛，祭坛上摆着水和火，祭坛背后是阴暗的大森林。祭坛代表原始宗教信仰，是原始人求神问卜的圣地。前面有一片露出光亮的隙地，是酋长们的会议场，附近还有收容前来逃难者的收容所。祭坛前方一些符号，例如紧靠祭坛右下方的犁板代表农业，紧靠着祭坛左下方的字母牌代表语文。横躺在字母牌后面的是法棒（权力的象征）和占卜用的巫棒，这些符号在后面《引论》中都有说明（1—42条）。

在第一卷正文里还有一幅时历表，依古老程度的顺序，把希伯来、迦勒底、斯基泰、腓尼基、埃及、希腊和罗马

玄学女神站在地球上，仰望左上方的天神意旨，俯视左下方的荷马。部分符号用相应的数字注明，例如玄神注了2，地球注了3，祭坛注了8，犁注了15，即可查正文中该数字前后。余见1至42条的说明。

七个古代民族的大人物和大事迹大致按年代分列出来。年历分世界年历和罗马年历两种。罗马年历从罗马初建国为第一年，世界年历不是以公元计算而是从世界大洪水算起，把大洪水定在公元前1656年，以下依此递增。这种世界年历当然是很粗疏的，年历中所出现的大人物和大事迹都有些简略的说明（43—118条），对维柯心目中世界史的发展年代可以看到一些粗略的梗概。说它粗略，因为现在世界公认的年历是从耶稣降生时算起，而前此希腊计算年历还有从第一次奥林匹克运动会算起的，这种运动会每隔四年举行一次。

附记：英译本还附了解释《新科学》中一些用语的长篇《引论》，对初学者大有帮助，因此中译本把这篇《引论》全文译出，附载于正文之前。

三、《新科学》新在哪里？《新科学》的主题是"部落自然法"（the natural law of the gentes），由自然科学上升到社会科学＝历史科学＝广义的自然科学或"人学"

"新科学"这个名称在意大利早已由伽利略在《新科学的对话录》（*Dialogui delle Nuove Scienza*）里用过，不过伽利略心目中的"新科学"是指他自己所研究的自然科学，特别是数学、天文学和物理学。维柯的《新科学》却是范围更广的，既包括自然科学，而又主要是历史科学或社会科学的一门崭新的研究。其次，就研究方法来说，维柯抛弃了过去经院派蔑视客观事实和感性经验，凭教条下结论的演绎法，改用培根所倡导的从搜集感性经验和客观事实加以分析综合而得出结论的批判法。这两点（研究题材和研究方法）反映出十七、十八世纪西方启蒙运动中哲学思潮中两大潮流的对立斗争，即英国以培根为首的经验派和以莱布尼兹、笛卡尔为首的大陆理性派的对立斗争。到了十九世纪，这两大对立思潮的合流，才产生从赫尔德（J. G. Herder）、康德、歌德到黑格尔这一支德国古典哲学的主流，既重感性经验，也不轻视理性，特点在着重历史发展观点。维柯通过他的法国门徒密希勒（J. Michelet）和德国同调者赫尔德对这种合流也起了桥梁作用。

维柯多次强调培根对他自己的启发，特别是培根的《新工具论》和《学术的促进》这两部"近代科学的号角"作品。维柯有一个坚定的信条："研究应从问题开始时开始。"这就是要穷本求源，不应把整个历史发展过程拦腰截断，单从其中截取一个横断面来看，既看不到来龙，也看不到去脉，这就是根本违反了历史发展的观点。维柯之"新"首先就在他的穷本求源的坚定精神。他的专业本来是罗马法。法学家们都明白罗马法典和由它发展出来的拿破仑法典在近代法学界多么重要。在维柯时代研究罗马法的主要有三家，即荷兰的格罗特（Grotius，又译为格劳秀斯）、英国的塞尔敦（Selden）和瑞典的普芬道夫（Pufendorf）。维柯本来佩服他们三人的法学知识，但是指责他们都不从人类始祖亚当开始，而都从既已开化的近代人开始，所以对历史发展简直是隔靴搔痒。维柯认为历史发展的真相要从确凿可凭的史实证据中找，而远古文物制度大半久已湮没，而少数留存的也不曾经过爬梳洗剔，以致一般没有身历其境的写书的学者们大半都凭其民族的和其自身的虚骄讹见，不可能见出事实真相。维柯劝告我们应把这种书籍看作不曾存在（比孟子的"尽信书则不如无书"的劝告更彻底）。当时历史研究在欧洲（特别在德国）开始盛行，研究社会发展史的史学家们都特别重视古代史和古代社会，例如英国麦克弗森（Macpherson）的《苏格兰民歌选》以及西方各国关于民歌和民间故事的搜集蔚然成风，对于近代对古代社会乃至人类学的研究都产生了促进的影响。维柯的历史研究应穷本求源的观点也正是在这种影响之下形成的。当时新大陆已发现，旅游也渐发达，所以维柯也并不是言必称希腊，对近代少数民族也很注意，多次引用美洲印第安人作为部落自然法的例证。由于他个人的见闻终有限，比起摩尔根的《古代社会》（原著1877年出版，有商务印书馆印行的新译本）来，《新科学》在资料方法上还不免粗疏，而在思想体系方面终胜一筹。这两人都是使人类学成为科学的先驱。读者不妨翻阅一下恩格斯的名著《家庭、私有制和国家的起源》（1884年），把它和《新科学》（1730 年）比较一下，看同在哪里异在哪里，便会对《新科学》有较正确的认识。

四、法的根源在"共同的人性"。《新科学》与较晚起的达尔文的《物种起源》的比较

《新科学》所要解决的基本问题是：人类如何从原始野蛮时代的野兽般的生活状态逐渐发展成为过着社会生活的文明人？也就是说，法律制度是如何开始和发展的？过去学者们一般认为法律制度是由某些先知先觉的立法者凭自己个人的认识和意志强加于人民的。维柯的部落自然法观点与这种"英雄造时势"的观点相反，认为法的根源来自共同的人性（common nature）。共同的人性产生了共同的习俗，共同的习俗经过条文化就成为共同的法律。原始社会都分成许多小部落或小民族。这些部落彼此很少往来，往往还互相敌视，但是他们的法律制度却往往现出一致性或规律性，就因为都根据共同的人性。例如罗马人原先也只是一个小部落，罗马的部落自然法（如罗马的十二铜版法）后来发展成为罗马帝国统治西方世界（其中大半是罗马帝国的行省 provinces）的"法典"的基础。《新科学》就以部落自然法为起点，来研究世界各民族的政法制度在起源和发展方面的一致性和规律性。他强调法必然是"土生土长的"，反对罗马法典由雅典输入的旧说。从

这里也可以看出维柯思想的民主倾向和科学倾向。所以他在哲学上既反对认为一切都由命运（fate）决定的斯多葛派（Stoics），又反对认为一切都由偶然机会（chance）摆布的伊壁鸠鲁派（Epicurians）。他在希腊各派哲学中特别赞赏柏拉图派，因为这派在三个要点上都和过去立法者们是一致的：一、世间确有神旨或无意安排（providence）；二、人类情欲可以通过教育缓和化为人类品德；三、人类灵魂不朽。这三点也正是《新科学》的基础〔130〕。

从此可见，维柯在社会科学上的立场、观点和方法，与比他晚一个世纪的自然科学家达尔文很类似。《新科学》其实就是"人这一物种的原始"或"人类社会原始"，其重要性并不下于达尔文的《物种起源》。我们还应记住，维柯的探讨人类原始的《新科学》远在达尔文的《物种起源》之前。它其实就是马克思在《巴黎手稿》中所预见到的"人学"，即"自然科学"和"社会科学"的统一。

为了说明维柯的基本思想，我们先来介绍《新科学》的第三卷《发现真正的荷马》。

五、部落自然法的范例：《发现真正的荷马》

流传下来的荷马史诗有两部，上部是写特洛伊（Troy）战争中的希腊大军以英雄阿喀琉斯（Achilles）为主角的《伊利亚特》（*Iliad*），下部是写希腊大军归途十年流浪中的奇遇，以谋士尤利西斯（Ulysses）为主角的《奥德赛》（*Odyssey*）。

一般人都认为荷马确有其人，大概生在公元前八世纪的希腊，这两部史诗都是由他一个人唱的，原是一些零碎神话故事，后来到了公元前七世纪雅典皮西斯特拉图斯（Pisistratus）王朝才由文人用文字写下来，编成两部史诗。围绕荷马其人和这两部史诗的写作年代，历来就有很多争论。维柯根据两部史诗本身一些语言学的证据和他在《诗性智慧》部分所奠定的一些原理，证明了下列几项重要发现：

一、荷马并不是希腊的某一个人而是希腊各族民间神话故事说唱人的总代表或原始诗人的想象性的典型人物，所以希腊有许多城邦都在争当荷马故乡的荣誉。

二、论时代，两部史诗都出现在英雄时代末期，先后可能有长达八百年之久的间隔，所以绝不是某一个人在某一时代的作品。《伊利亚特》当然先于《奥德赛》，如果前者是荷马的少年作品，后者是他的晚年作品，这个"他"只能代表早晚不同的全民族，绝不是同一个人。

三、论地区，《伊利亚特》的作者在特洛伊附近的希腊东部偏北，实际上是在小亚细亚；《奥德赛》的作者是在希腊的西部偏南。

四、两部史诗不可能出于一人之手，所描绘的也绝对不是同一时期的典型人物性格。

五、最重要的是两部史诗都是诗性智慧的产品，而不是哲学家玄学智慧的产品。荷马绝不是一个哲学家。后来的哲学、诗学和批评都不能创造出一个可望荷马后尘的诗人。维柯认为荷马的最高功绩有三点：他是希腊政体和文化的创建人，一切其他诗人的祖宗和一切流派的希腊哲学的源泉。他的两部史诗是希腊部落的自然法（习俗）的两大宝库，是世界最早的历史。

最后还有一个《附编》，可以说是希腊罗马文学史的简明纲要。《发现真正的荷马》部分已详细讨论了史诗，在《附编》里维柯连带地叙述了抒情诗和剧体诗的起源和转变，这在近代西方是一篇最早的编写文学史的尝试，文字不多，却有不少的深刻启示，是比较文学的典范。

六、神、英雄（贵族酋长）和人的三个时代的划分和人类一切文物典章制度的三大来源：信神的宗教、婚礼、葬礼。维柯是否宣扬有神论？他何以笃信宗教？

为了穷本求源，维柯采取古埃及人的三个时代的划分。最早的神的时代是怎样来的呢？据说在英雄（实际上就是原始野蛮人中的贵族酋长）时代的开始，全世界都发生过大洪水，如希伯来人的《圣经·创世记》和我们的《禹贡》里都提到的。世界洪水把世界淹没了一两百年之久（各地被淹没的时间不等）。等到这场世界大洪水消退了，地球上积蓄的水蒸气初次造成雷鸣电闪，在深山野林里游浪的巨人们（即英雄们或原始贵族酋长们）初次听到了就惊惧起来，凭原始人类以己度物的习性（诗性智慧）就幻想到天上有一种像他们自己一样的那种酋长，在盛怒之下就大声咆哮，向奴隶们耀武扬威、发号施令，雷电就是天神向人类发出的警告和教令。于是就兴起了信仰天神（最初的天神就是雷神）的宗教，以及凭天象去探测天神意旨（providence）的占卜术和掌占卜大权的司祭或巫师。这种信仰天神意旨的宗教就是人类社会的第一个起源。

在原始时代并没有婚姻制，男女公开杂交和乱交（这一点后来也已由摩尔根在《古代社会》里证明了），面对着天神的愤怒，他们才开始感到畏惧和羞耻，于是男的就把女的拖到岩洞或山寨里，逐渐有了一夫一妻制、婚姻典礼和家庭制。这就是人类社会的第二个起源。

在原始时代，人和动物一样，死了并不收尸埋葬，任尸体被野兽吞噬或受风吹雨打而腐烂，造成环境的污染。后来感到这对不起死者，于是兴起了收尸埋葬的典礼，而且有了灵魂不朽的观念。这就是人类社会的第三个起源。

这三大起源（相当于我国《周礼》中的祭礼、婚礼和葬礼）是后来一切文物和典章制度的种子，从此产生了政权、财权、法律、政治乃至语言文字、艺术和哲学、科学等等。

神的时代也有朝代，也有尊卑等级。古希腊、罗马都有十二天神。维柯认为他们各有专职，代表社会发展的十二个阶级。例如最大的神是天帝约夫或宙斯，谷神标志着农业时代，海神标志着航海事业的开始（这正如中国古代有巢氏标志着穴居野处的时代，神农氏标志着垦殖耕种的开始，燧人氏标志着钻木取火来烹调的开始）。古代各种神话寓言都是围绕着诸天神而流传下来的，它们都是原始人类的诗性智慧的结晶，实际上就是原始社会的"诗性历史"。研究社会发展就要从这种诗性历史开始。维柯的《新科学》就是主要从研究荷马的两部史诗开始的。

维柯是不是宣扬有神论？他何以笃信宗教？从三个时代的划分看，人们势必要提出这个问题。我们认为从维柯对神的描写看，他绝不是一个有神论者。因为他明确肯定了神是原始酋长们凭以己度物的诗性智慧幻想出自然界雷鸣电闪的可怕情况，就像原始酋长们自己发怒时就咆哮、耀武扬威、发号施令一样。这其实就是酋长巨人们把自己的一些野蛮特性"对象化"（或"异化"）到神身上去的。这正是费尔巴哈在《基督教的本质》里所持有的正确论点。特别值得注意的是，神话诗人如荷马、维吉尔等都把神写成不是什么可敬可爱的人物，而是一些奸淫盗窃、欺诈残杀、无恶不作的坏家伙。天神约夫自己就是一个典型的例证，他所做的那许多坏事正是由野蛮酋长们自己提供了榜样。一个有神论者绝不会这样"亵渎神圣"。仔细通读《新科学》，就可以看出维柯所说的"神"和"天神意旨"实际上还是他的出发点"部落自然法"中的"自然"，原始人类所信奉的"神"或神道也在顺应自然趋势而不断演变，仍是历史发展的产物。这正符合下文还要详谈的维柯的"人类世界是由人类自己创造出来的"哲学总纲。

不过，维柯也确实有矛盾。他讲部落自然法不敢举犹太《旧约》为例，不敢把摩西看作一个野蛮酋长，并且经常标明他所讨论的限于"异教"（gentile）民族。他显然不敢犯罗马教廷的忌讳，伽利略和布鲁诺的遭遇始终使他存有戒心。

至于维柯何以笃信宗教，却是另一个问题。因为世界各民族在原始时代社会生活都靠宗教的需要和利益才建立起来并且维持下去，宗教是一切典章制度的起源，这是推翻不了的客观历史事实。西方如此，中国和印度乃至一切其他民族都是如此，至今还有不少的少数民族仍然如此。人类总得要有某种信仰作为在社会中生活和行动的指南。当然信仰可以随时代变迁而有变化发展，原始宗教信仰或早或迟会为日益文明的思想信仰所代替，世界在不断地革命就足以证明这一点。就连宗教本身也不断地在改革，马丁·路德的宗教改革就是一个例证。哲学智慧和科学日益上升，宗教迷信就日益消逝，这是历史辩证发展的必然趋势。我们大多数人现已不信宗教，但是我们的宪法仍然保护宗教信仰自由，以便把信各种宗教的各种少数民族都团结在大家庭里，就是这个道理。

七、《新科学》首创了阶级斗争观点，从而表现出民主倾向、人性论和人道主义

《新科学》所宣扬的不是神道而是人道。它把人的时代看成社会发展的高峰，而这种高峰是经过阶级斗争才达到的。阶级斗争在神的时代就已在众神之中开始了。据维柯的分析，金匠神乌尔坎（Vulcan）和战神马斯（Mars）都属于平民，常和天帝约夫闹矛盾。在英雄时代，据荷马的《奥德赛》史诗中对著名的阿喀琉斯的盾牌上图形的描绘，贵族城市和平民城市就已截然分开。在原始社会中，阶级斗争主要表现在上文已提到的占卜权、正式结婚权和土地所有权。这些权原来都由贵族酋长们独占，通过阶级斗争，结果就逐渐推广到平民了。《新科学》第五卷结论 1101 段是这样说的：

"……随着岁月的推移和人类心智的巨大的进展，各族人民中的平民终于对英雄贵族体制的各种权利发生了怀疑，认识到自己和贵族具有平等的人性，于是就坚持自己也应参加到城邦中各种民政机关里去，到了适当的时机，各族人民都要当家做主了。天意就让先有一段长时期的平民对贵族的英勇斗争，目的在把

原由贵族独占的宗教方面的占卜权推广到平民方面去，以便达到把原来被认为都依靠占卜权的一切公私机构都向平民开放了……于是民众政体（即民主政体）就产生出来了……在这种民众政体里，同有公道（或正义）愿望的各族人民全体就会制定出公正的法律，正因为这种法律对一切人都好〔1038〕。亚里士多德很神明地对这种法律下定义说，它表现出不带情欲的意志〔1042〕。这种意志就会是能控制自己情欲的英雄意志〔1043〕。这种政体就产生了哲学〔1043〕……哲学就要关心真理〔1041〕。"

正是维柯本人，作为哲学家和《新科学》的作者，才肯定了埃及人对神、英雄和人三个时代的划分，才断定了各民族的历史无论古今中外都从信仰天神的宗教、举行一夫一妻的正式婚礼以及埋葬死人这三大典礼开始。是他才指出社稷和附近的收容所逐渐发展成为城邦，罗马由征服了土著莎利族发展出主子与奴才的封建制度，历代贵族和平民都在进行你死我活的阶级斗争，而最后推翻贵族采用较符合平民利益和愿望的政体的总是平民，这样人类在政治上才算进入了人的时代，成立了符合公道正义的民主政体，达到了"在法律面前人人平等"的理想。

现在还有不少人误认为阶级斗争的学说起于法国基佐（Guizot）和梯叶里（Thierry）等人。其实这些人都是从密希勒的维柯的《新科学》和其他著作的法文节译本才接触到阶级斗争学说的，这些历史家们在政治上虽主张民主，却根本不同情平民。阶级斗争学说实在是维柯对人类思想史的一个伟大贡献，现在世已公认了。它直接影响到百科全书派运动和法国革命。

八、政体变更：从氏族酋长的贵族君主专政，中经民主专政转到暴君（或暴民）专政，转到统一的帝国君主专政，就到了止境和顶峰

依《新科学》的叙述，人类社会发展的主要关键在政权，而行使政权的方式首先是原始部落酋长（即所谓"英雄"）的君主独裁，例如罗马建国后第一任国王罗慕路斯（Romanus）；中经多头统治的贵族专制政体，例如罗马的正副国王和十人统治团；多头互相倾轧，便出现了塔克文（Tarquinius）家族的暴君统治，弄得天怒人怨，天下大乱，于是平民派领袖尤利乌斯·布鲁图斯（Julius Brutus）借平民的力量，驱逐了暴君，建立了仿佛平民统治政体而其实仍是贵族统治政体，逐渐建成大罗马帝国，统治了许多罗马以外服从罗马帝国的各行省。维柯由于还没有来得及看到现代帝国主义的情况，便仅据他所知道的罗马史的发展情况，认为大罗马帝国式的君主专政是政体发展的止境和高峰，其真正用意不是赞扬君主专政而是赞扬大罗马帝国

的大一统，颇类似我国战国时代儒家所宣扬的"宗周"和
"定于一"的思想。这种政治理想在中外历史上都起了促进
人民文化和福利的作用，周、秦、汉、唐都是著例。这种
发展既是自然的也是必然的，正符合维柯的部落自然法的
理想。

九、维柯的"复演"（或"复归"）说

《新科学》五卷中头三卷主要讨论总纲、要素、原理和
方法。第四卷就原始时代到罗马帝国的衰亡这个漫长的时
期的史实来论证一些原理大法。第五卷则就罗马帝国衰亡
时"蛮族入侵"（民族大迁徙）以来所建立的一些近代国
家的史实，来论证第二个野蛮时代是前此第一个野蛮时代
的"复演"（或"复归"），其用意仍在论证他所提出的"部
落自然法"的原理大法在不同时间和不同地点都显出普遍
一致性，丝毫没有贬低近代国家和近代文化的意思，也丝
毫没有预言在未来世界里还会有同样的复演。如果再有复
演，那也还不过再证明一次历史发展规律的普遍一致性。
维柯本人并不会说"复演"就是"循环"。首次用"循环"
（cycle）这个词的是德国史学家文德尔班（Windelband），
后来美国美学家库恩（Kuhn）夫妇在合著的《美学史》里
也沿用过"循环"这个词。维柯是深信历史是向前而且向
上发展的，历史发展像一般物理运动一样，虽不免有波浪

式的起伏，一治之后或有一乱，但是小乱往往是大治的推动力，把这种运动方式说成是循环，并不很妥。

我们目前正处在共产主义和帝国主义两大阵营角斗的时代，从《新科学》的立场和观点来考虑问题，我们学术界对时局究竟得出什么看法和采取什么立场，倒是刻不容缓的紧急任务。

十、语文的起源和发展，提供史实的记录和凭证

维柯的专科研究首先是拉丁语文学（过去叫做"拉丁修辞学"）。他在那不勒斯大学里竞选当罗马法教授没有成功，只当选上拉丁修辞学的低薪讲师。但是，他始终没有放弃罗马法的研究。《新科学》就体现了他对拉丁语言与罗马法综合研究的成果。他在《自传》里曾提到，《新科学》初稿原来计划把《新科学》的原则分为思想和语言两部分。在我们的汉语中原有"名实相符"的要求，语言主要涉及"名"而思想主要涉及"理"。这就是维柯所强调的"确凿可凭"（the certain）与"真理"（the true）的分别。求真必先"正名"。"名"是语言文字方面的要素，和思想一样有地区的差异和历史的发展。例如"父"原称"考"现称"爸"；"爹"原来称"祖父"，在某些地区却用来称"父亲"。一个人的名称和他的地位、职责和功能都随时随地不同，都有一种历史发展，而且与同时同地的一切文物典章

制度都是相应的。社会发展分为神、英雄和人三个时代，所以相对应的也有三种语言。神的时代流行的是神的语言，原是哑口无声的，即占卜所凭的天象或其他征兆，如雷鸣电闪、风吹雨洒、鸟飞兽走之类（相当于我国《易经》中六十四卦的"爻"和"象"，以及更古的殷墟的甲骨文卜辞）。这种神的语言虽是哑口无声，却起很大的作用。没有哪个民族在原始时代不是由神的语言操生死予夺的大权，掌握神的语言的专职的是司祭和巫师，这些人不但掌管宗教大权而且也同时掌握政治大权。第二种是英雄（即部落酋长）的语言，大半是象征性或比喻性的，初起时还不一定有文字，只用实物示意，叫做"实物语言"（real-object language），例如点头和摇头，招手或摆手，发出喜、怒、哀、乐的声音和姿态之类。文字在各族语言中都晚起。例如希腊在荷马史诗时代（大约在公元前八世纪）还没有文字而只有符号（sēmata）〔433〕。荷马史诗原只由说书卖唱人沿街口头歌唱，到公元前七世纪才由旁人搜集成书，用的字母据说是由腓尼基人借航海贸易之便输入希腊而后由罗马人沿用的。（我国有文字从殷墟卜辞和青铜器箴铭看，就比西欧早得多。据近代一些中国史学家的研究〔见《中华文史论丛》1980 年第一辑〕，周武王克殷在公元前 1053 年，可知殷墟文物当极盛于公元前十一世纪之前。从许慎《说文解字·序》看，中国在汉初已就象形文字进行科学分析，得出"象形"、"形声"、"指事"、"转注"、"会意"和

"假借"六条大原则，其中有些是维柯到近代才注意到的。)

每一时代的语文和当时的一切文物典章制度相应，所以从每一时代的语文可以推测到当时所特有的文物典章制度和习俗。维柯就是根据这个原则从语文的发展来搜寻久已湮没的文物典章制度和习俗的实在情况。他举过一个著名的事例是来自当时号称最古国的斯泰基（Scythia）国王伊丹屠苏斯（Idamthussus）。他用五件实物来答复要向他宣战的波斯大帝大流士，因为当时还没有供通信用的文字。这五件实物是一只青蛙、一只田鼠、一只鸟、一柄犁和一张弓。青蛙表示他在斯泰基是土生土长的，是当地的主；田鼠表示他在斯泰基已安了家，奠定了他的国家；鸟表示他在斯泰基掌占卜权，只服从神；犁表示土地是由他自耕自管领的；弓表示他作为斯泰基国王，有义务也有力量来捍卫他的祖国〔435〕。从这段故事就可见出当时许多史实。例如，当时斯泰基与波斯帝国的关系，国际战争和外交已开始，已有贵族酋长式的国王，已有疆界的划分，还相信占卜，已有农业和土地所有权，还没有书写文字，却已有凭图形会意的象形文字，东方和西方已有交通等等。

另一个象形文字式的故事是希腊卡德摩斯（Cadmus）屠杀巨蛇的神话故事〔446〕。他屠杀了大蛇，把蛇齿锯下种在地里，地里便跳出一些武士；他拾起一块大岩石扔到这些武士中间，武士们在争夺中互相残杀，都死光了，最后卡德摩斯自己变成了一条大蛇。据说卡德摩斯还把文字带给希腊人，希腊人就用这种文字传开了这段神话。据维柯的分析，这段神话就包括了几个世纪的诗性历史〔679〕。例如杀大蛇是指斩除原始大森林，垦出耕地；种蛇齿指在发明铁以前，耕犁用硬木曲板作为犁齿；投大石让武士们争夺，指把硬土地分给家奴们垦殖；武士们争夺大石指最初的平民争取最初的土地的斗争，贵族酋长们为保卫他们的地产所有权，就互相团结起来反对平民，接着就在武装的基础上建立起贵族议会来统治国家和制定法律。所以说，区区一段神话就包括了若干世纪的罗马建国史。要懂得神话与历史的关系，就必须懂得神话时代的那种语言文字的意义。

这里须说明三个时代的意义。神、英雄和人的三个时代实际上是同时存在的，例如罗马初建国时就已有神、英雄和人之分，每一族或等级都各有它的语言文字史和风俗习惯史（即部落自然法史）。维柯所要研究的就是各族同时都要经历的三个不同时期，构成各自的部落自然法的整个体系的宗教、神话、主权、法律、语文、军备、刑罚等。各族各有其特性，如何起源，如何发展，如何终结，都各有其必然性和规律性，维柯把它称为永恒的唯一原则，把对这唯一原则的研究称为《新科学》。

维柯发现属于英雄时代的第二种语言的，还有徽章、盾牌、旗帜和钱币等等。典型的实例就是荷马史诗所描绘的著名的阿喀琉斯的盾牌，其中可以看出贵族和平民两个阶层同时各有不同的节日娱乐游戏，颇类似我国敦煌莫高窟的一些壁画和近代发掘的古墓中的兵马俑。维柯还多次提到中国人至今还用象形文字，以及中国人用龙旗作为王权的象征，龙即西方神话故事中的蛇。

第三种语言才是人（即平民）的语言，起自各区各族的土俗语言，平民用来应付日常生活需要，互通消息，逐渐成了约定俗成的语言，如我们所说的"白话"。

从此可见，要研究一个地区或一个民族的文物典章制度的发展史，就必须研究与当时的文物典章制度相应的语文史，因为文物典章制度的史实都是由语文保存下来的。维柯不但是比较文学的创始人，也是比较文字学的创始人。他曾设想要编出一种"心头辞源"（mental dictionary），其体裁颇似我国"十三经"中的《尔雅》和许慎的《说文解字》。他还设想编出一种统摄若干语种的"心头辞海"，近似扬雄的《方言》和近代的《佛学大词典》及《佛学小词典》。他自己曾单就拉丁文编出一种"心头辞源"，试图找出拉丁文发展的一些共同规律。"心头辞海"的工作艰巨，还有待后人完成。（关于语文，参看《诗性智慧》卷336—501条。）不同语种的"心头辞海"并非妄想，古代中国和西方很少接触，而父亲的名称都是"爸爸"，母亲的名称都是"妈妈"，这种一致性理应有一个共同的道理。这类异语种的一致性是比较语言学史所不应忽略的。在讨论语言文字部分，维柯还理出词类（如名词、动词、前置词等）先后发展的次第以及诗律的起源，并且断定诗比散文早起，清理出诗律的演变过程。

十一、史与论的结合，科学性的历史，根据语文所提供的历史事实进行批判

　　人类心智功能由诗性智慧发展到玄学（哲学）智慧，由感性发展到理性，由诗性神话发展到自然科学。文字起源于诗性智慧，它所记载下来的原始人类文物典章制度的起源和发展，就向科学性的历史提供史料（历史所凭依的证据），以便进行研究和批判。维柯的《新科学》就是据语文所提供的证据史料进行批判的。他所用的"批判"（criticism）这个词并不指"责骂"而是用西文原文的正确意义，指科学的分析综合，即对史实进行分析综合得出恰如其分的科学结论，指出所研究的对象如何起源、如何发展、如何结局的道理。这就是维柯的《新科学》所要完成的任务。

　　趁此不妨回顾一下置于《新科学》卷首扉页的那幅图形（见页 5），描绘出玄学女神（哲学科学的总代表）站在地球上（脚踏实际），仰观左上方的天神意旨和天象，俯视史诗祖宗荷马。地球斜倚在一个大祭坛上，祭坛上面和前面露出一些原始文物制度的符号，如水、火、犁、法棒、巫棒、字母牌和天秤之类，祭坛前方微有隙地和光亮，背

后全是一大片黑森林。祭坛前方的隙地就是原始酋长的会议场所，又是旁族受迫害者前来逃难的收容所，代表政法的起源及贵族和平民划分的起源。不难看出，那位玄学女神就代表《新科学》的作者维柯本人。他站在地球上摸索，凭大部分是大森林漆黑一团的原始世界来摸索过去史学家还未摸索过的世界通史。过去史学家都没有他那种"穷本求源"、"从亚当说起"的精神，只从近代文明人类开始。不能看出起源，怎么能理出历史发展过程呢？维柯当时已进入哲学时代，去古已远，大部分文物资料久已失传，或埋在地下，或为民族的和学者们的两种虚骄讹见所歪曲。他的大胆尝试，确也解决了不少问题。例如贵族与平民的阶级斗争就是一项重大发现。导致这种斗争的是贵族收容逃难的平民垦殖土地并向他们索赋税。由此足见封建制度是和奴隶制同时起源的。这一点可以显示出我国史学家们近来对奴隶制度何时止、封建制度何时起的问题争论不休，实在都是凭空杜撰。我们只要稍研究一下我国《尚书》中的《禹贡》，就可以看出远在夏朝中国各部落土地疆界已大致划定，各地区都要凭土产纳贡，难道那不既是封建制又是奴隶制吗？《孟子》所描绘的"井田"也可以为证。近代地下发掘更足以说明封建制和奴隶制是同时起源的。

维柯单枪匹马地来攻历史发展这个大难关，不可能在个别问题上毫无错误，他的基本论点和大方向却是正确的。读者不妨拿《新科学》和恩格斯的重要著作《家庭、私有制和国家的起源》比较一下，看看类似何在、差别何在，就不难看出维柯的天主教徒的偏见深，当时西方工人阶级还没有得势，他不会瞭望到共产主义的远景；不过他毕竟是历史发展大原则的奠基人，首先提出阶级斗争而自己总是站在平民方面，主张正义就是公道，就是法的基础，这对马克思主义运动的发展毕竟起了不小的作用。我们在下文还要提到马克思本人对维柯的看法。语文随时期不同而变化，随着各民族逐渐揭开对他们自己本性的认识，就导致他们的政府体制的发展变革。政府体制的最后形式是君主独裁制，各民族按本性都要在君主独裁制上安顿下来。维柯就这样通过语文的研究填补了世界通史原则中所留下来的一个大漏洞。这种世界通史是从尼努斯（Ninus）和亚述人的君主独裁政体开始的。

在讨论各种语言的部分，维柯发现了诗的一些新原则，说明了在一切原始民族中诗歌都起于同样的自然必要。根据这些原则，维柯替英雄时代的徽章找到了新的起源。徽章是一切原始民族在还不会说话的时代所用的一种哑口无声的语言。从此他还发明了纹章学的一些新原则，以及说明了纹章学和钱币学是一致的。在这方面，他还观察到法兰西和奥地利的两大家族的英雄时代起源，以及连续掌握政权四千年之久的历史。在发明各种语言起源所得到的结果之中，他还找到了一切语言都共有的共同原则，并且写出一篇示例论文，说明拉丁语言的真正起源。凭这个范例他替学者们开了路，让他们用同样方法研究一切其他语言。他还提出一种想法，要编出一切土生土长的语言所共用的大辞源，另外也替外来语种编一套大辞海，以便最后为语言科学编出一套普遍的辞源（或辞海）。这对于正确地讨论各民族的自然法是必要的。

十二、《新科学》的哲学总纲："人类世界是由人类自己创造出来的"

这是《新科学》的基本原则或总纲，掌握了这个总纲，《新科学》中的一切困难问题就不难迎刃而解了。首先是人类创造诸天神和神的世界，由此产生宗教占卜、婚姻制度和家族、祭礼和葬礼。其次是部落的形成，城市的建立，部落自然法的开始，贵族与平民的区分和斗争，各种政体的形成，所有权的划分以及法律和一切文物典章制度的建立，语言文字的形成，由家族、部落到民族国家的贸易往来，战争与和平，联盟与吞并，便逐渐形成西东两大罗马帝国那样的一统天下。这就形成了世界通史。这部世界通史从一方面看是由人类创造的，从另一方面看也是自然的。所谓"自然"是根据各民族的共同人性、共同思想和共同习俗逐渐发展出来的，所以有规律可循，丝毫不是由某一些特殊人物按私意制造成的，也不是如斯多葛派所认为由命运决定的，或如伊壁鸠鲁派所认为由偶然机会摆布的。

"自然"（nature）这个普通的西文词曾遭到误解，有些人根本反对"人性论"，认为不合阶级斗争观点。现在流行着一种哲学理论，把心与物（主观与客观）本来应依辩证观点统一起来的互相因依的两项看成互相敌对的两项，仿佛研究心就不能涉及物，研究物就不能涉及心，把前者叫做"唯心主义"，后者叫做"唯物主义"；"唯物主义"就成了褒词，"唯心主义"就成了罪状。这种错误的根源在于误解"自然"（nature）这个常用的简单词。它的本义来自"生育"，生来就如此的就是自然的，不是人为的或勉强的。"自然"这个词在西文里既指客观世界，也指主观世界。人有人的本性，正如狗有狗的本性，恒星有恒星的本性。与"自然的"相对立的，就是"人为的"或"勉强的"（artificial）。维柯所讨论的"部落自然法"中的"自然"，也是取"天生就的"而不是"勉强的"的意思。马克思主义经典著作里的"自然"（nature）这个词也还是取这个传统的用法。马克思的《巴黎手稿》、恩格斯的《自然辩证法》，特别是其中《从猿到人》部分都可以为证。

人类世界既然是人类自己创造出来的，人类既然能创造出这样的大业，他们究竟凭什么工具呢？凭他们自己的智慧！用什么材料呢？就用他们当时面临的那种客观自然。人类自己的智慧在逐步发展。这两方面互相因依的不断发展便造成有轨迹、有规律可循的世界通史。维柯的《新科学》便是这样一部世界通史及其所依据的哲学。

十三、诗性智慧及其规律（维柯的诗学和美学）

《新科学》的哲学根源在第二卷《诗性智慧》，加上第三卷《发现真正的荷马》作为例证，占了全书一大半的篇幅。维柯曾说过为了发现"诗性智慧"，他曾费了大力和大部分光阴。《新科学》全书都在探讨诗性智慧。按照希腊原文 poesis（诗）这个词的意义就是创造，所以"诗性智慧"的本义就是创造或构造的智慧，在起源时主要是创造的功能而不是后来以诗性智慧为基础发展出的那种反思推理的玄学（哲学）智慧。

维柯的最大功绩还在论证了所有各异教的原始民族的历史都起源于一些神话故事，例如荷马史诗以及许多类似的神话故事其实都是原始民族的历史〔202〕，"最初的哲人都是些神学诗人"〔199〕。神学诗人们最初凭凡俗智慧所感觉到的东西，后来才由哲学家们凭玄奥智慧所理解到。所以神学诗人们就是人类的感官，而哲学家们才是人类的理智〔799〕。维柯引亚里士多德的名言为证："凡是没有先进入感官的东西就不能进入理智。"不过神学诗人们虽还没有玄奥的智慧，却也有一种凡俗的神学智慧，从这种凡俗的神学智慧出发，神学诗人们也可以得出一种诗性的逻辑学，从而发明各种语言文字来；一种诗性的伦理学，从而创造出一些英雄人物来；一种诗性的经济学，从而创造出家族来；一种诗性的政治学，从而创造出城邦来；此外，还得出研究人的专科：诗性物理学，从而在某种意义上创造出人类自己来〔367〕。因此《新科学》就成了人类思想、习俗和一切文物制度的创造史了。总结成一句话来说，就是"人类世界是由人类自己创造出来的"这条《新科学》的基本原理。

十四、诗性智慧（＝形象思维）及其规律（维柯的诗学和美学）

形象思维（＝诗性智慧）问题近来在我国曾引起热烈的争论，主要是由美学讨论引起的。《新科学》是近代对美学或诗论作出贡献最大的一部著作，所以我们从美学观点再着重地介绍一下维柯所理解的形象思维。读过《新科学》的人不难看出：没有形象思维，就不能有诗或文艺以及诗学或文艺理论。

维柯发现到一些关于形象思维的规律，其中最基本的一条当然是上文已提到的抽象思维必须有形象思维做基础，在发展次第上后于形象思维。他说："人最初只有感受而无知觉，接着用一种受惊恐不安的心灵去知觉，最后才用清晰的理智去思索。"所以原始民族作为人类的儿童，还不会抽象的思维；他们认识世界只凭感觉的形象思维，他们的全部文化（包括宗教、神话、语文和政法制度）都来自形象思维，都有想象虚构的性质，也就是说，都是诗性的，即创造性的。等到人类由儿童期转到成年期，即转到人的时代、哲学的时代，他们才逐渐能运用理智，从殊相中抽出共性。这里也看出人类心理功能有一个发展过程。

知觉和思索有明显分别："哲学把心灵从感官中拖出来，而诗的功能却把整个心灵沉浸在感官里；哲学飞升到普遍性（共相），而诗却必须深深地沉浸到个别具体事物（殊相）里去。"

形象思维的另一条基本规律就是以己度物的隐喻（metaphor），"其原因在于原始人类心智的不明确性，每逢落到无知里，人就把自己看成衡量一切的尺度"，即中国儒家所说的"能近取譬"，例如不知磁石吸铁而说磁石爱铁，就是凭人与人相亲相爱这样的切身经验。维柯就用这个原则来说明语文的起源：

在一切语言里大部分涉及无生命的事物的表达方式都是从人体及其各部分以及从人的感觉和情欲方面借来的隐喻，例如用"首"指"顶"或"初"，用"眼"指放进阳光的"窗孔"，用"心"指"中央"，针"眼"，杯"唇"，锯"齿"，麦"须"，海"角"，说天或海"微笑"，风"吹"浪"打"，受重压的物体"呻吟"……在一切语种中都可搜集到无数这样的例证。这一切都由于公理〔120〕所说的人在无知中把自己当作整个世界的准绳，在上举事例中，人把自己变成整个世界了。〔405〕

不难看出，这是后来德国美学家的"移情说"

（empathy）的萌芽，中国语文中像这样的事例也俯拾即是，和中国诗论中的"比""兴"也可互相印证。

形象思维的第三条重要规律是原始民族还不能凭理智来形成抽象的类概念，而只会凭个别具体人物来形成想象性的类概念（imaginary class-concept）。例如"儿童的本性使他们根据最初认识到的男人女人或事物所得到的印象和名称，去了解和称呼一切有些类似或关系的新碰到的其他男人、女人或事物"。例如见到年长的男人都叫"爸"或"叔"，见到年长的女人都叫"妈"或"姨"。"爸""叔""妈""姨"这类词对儿童还不能是抽象的概念，还只是用来认识同类人物的一种具体形象，一种想象性的类概念。维柯还举荷马史诗为例，证明希腊人把一切勇士都叫做阿喀琉斯，一切谋士都叫做尤利西斯（正如中国人把一切巧匠都叫做鲁班，一切神医都叫做华佗，一切足智多谋的人都叫做诸葛孔明，一切有勇无谋的莽撞汉都叫做李逵一样）。从此可见，这一条规律和我们常谈的"典型人物性格"有很大关系。

维柯承认原始人类的这样想象虚构不免夸大，但是如塔西陀（Tacitus）所指出的："他们一旦虚构出，就立即信以为真。"维柯还引证了亚里士多德在《诗学》里的名言："特适于诗的材料是近情近理（可信）的不可能。"例如雷神操纵雷电虽不可能，而原始人却深信不疑，因为对于原始人的想象力来说，却是近情近理的。

从以上这些话来看，维柯关于诗性智慧的一些看法实际上就是他的诗学或美学。

十五、维柯对西方哲学的革新

《新科学》从"人类世界是由人类自己创造出来的"这个基本原则出发，论证了人类社会制度的进展是和人类心智功能的进展并驾齐驱的。他的重点始终放在诗性智慧方面，从我们现代人看，他显然带有"唯心"色彩，不过当时一般哲学还没有把唯心和唯物的界限分得和我们现在所分的那样严格，不但维柯如此，他的祖师爷培根早就如此。读过培根的人当会明白这一点。这并不妨碍培根和维柯都是西方哲学在近代的伟大的革新者。单就维柯来说，他对近代西方哲学的革新主要在奠定了一种以实践或创造为主的新型心理学和新型哲学，以及以新型法学为后果的新型社会科学。他对西方哲学的革新主要表现在两方面：一是对笛卡尔的"我思故我在"那个理性主义教条的反驳，二是他突出情感和意志的动力或动因的重要性，现在分述如下：

（甲）从笛卡尔的"我思故我在"到维柯的"认识真理凭实践"

从十七世纪以后，西方哲学界掀起了大陆上以莱布尼兹和笛卡尔为代表的理性主义和英国以培根和洛克为代表的经验主义之间的激烈斗争，这场斗争改变了西方哲学史发展的大方向。到了启蒙运动时代，由于工业和自然科学兴起，经验派显然日占上风。到了十九世纪，理性主义和经验主义两对立面的辩证统一，形成了赫尔德、康德、歌德和黑格尔一脉相承的以历史发展为基本观点的德国古典哲学。维柯在这个转变中是承先启后的人物。他本来也受到过笛卡尔的一些影响，例如他在方法论方面也和笛卡尔一样着重几何学，早期还援用过笛卡尔的"我思故我在"，不过他所受的主要影响还是来自培根和洛克的经验主义，更尊重自然科学。他从在西班牙贵族庄园教私塾回到那不勒斯家乡，才发现笛卡尔在他的家乡正享盛名，便开始向笛卡尔开火，特别因为笛卡尔无视历史和自然科学。因此，当时理性派和经验派的斗争成了笛卡尔和维柯的斗争，哲学史家们用这两位论敌的两句相反的口号来代表他们的相反的观点。笛卡尔的口号是人所常闻的"我思故我在"（Cogito, ergo sum）。笛卡尔是轻视历史学而片面从物理学和几何学来构成他的"方法论"的，这个口号的意思是说，一切凭人的理性，我凭理性能思想，所以我确实知道我存在，不容任何怀疑；同理，我也能凭理性去确实知道我以外一切事物确实存在，不容任何怀疑。这样一来，真理就像经院派所教导的那样，具有先天先验的性质。维柯后来所提出来的相反的口号是"认识真理凭创造"（Verum factum），用简单的话来说，就是认识到一种真理，其实就是凭人自己去创造出这一真理的实践活动。因为认识的本原是一种诗性智慧的活动，而"诗"这个词在西文里是poetry，其原义正是"创作"或"构成"。人在认识到一种事物，就是在创造出或构造出该种事物，例如认识到神实即创造出神，认识到历史实即创造出历史，整部《新科学》就是按照这条基本原则构思出来的。如果以为这话奇怪，其实也并不比说荷马创造出他的两部史诗以及其中英雄人物和他们的事迹更为奇怪，其实都是理所当然的。用现在流行的话来说，认识不仅是来源于实践，认识本身就创造或构成这种实践活动了。这样，认识并不只是让外界事物反映到人心里来，人心本身对认识还起更重要的创造作用，这对流行的"反映论"是一个致命的打击。从认识即实践这个基本原则出发，维柯达到了"人类世界是由人类自己创造出来的"那条基本原则。这也正是马克思后来在《路易·波拿巴的雾月十八日》第二段第一句话里所说的"人们自己创造自己的历史"，不过马克思补充了一层意思："是在……既定的，从过去继承下来的条件下创造"。这层意思也正是维柯在《新科学》里反复证明的。在现在工业技术高度发展的时代，人们对"人类的历史是由人类自己创造的"这条伟大真理或比过去较易接受，但也还不免有些障碍，例如被动接受的"反映论"和恩格斯所批判过的"抽象唯物"和"抽象唯心"便是接受真理的障碍。

（乙）维柯的动力或动因说

维柯的动力或动因说在当时还是创见，应特加说明。他在第一卷奠定新科学的原则和方法的重要地位〔340〕就已指出：原始人类都像野兽一样，听从肉体方面的情欲对心灵的支配，只有在肉欲强力支配之下才开动脑筋思想，对某种神道的畏惧才迫使他们控制兽性情欲，使它们获得应有形式和分寸，因而进化到变成为人道的情欲。从这种对神道的畏惧才产生人类意志所特有的那种动因或动力（conatus），从而控制肉体强加于心灵的那些兽性情欲，使那些兽性情欲完全平息下去，使人配得上做哲人，或至少把情欲引到较好的用途，使人配得上做文明人。这种对兽性肉欲激动的控制是自由意志或自由选择的结果，而且也是公道法律的来源。从此人才由野兽状态进化到成为文明人，社会也由野蛮状态进化到成为文明社会，从此也才制定出公道法律。维柯原文的表达方式很累赘生硬，很难直译，其实这就是中国儒家所讲的"克己复礼""天理胜人欲"的那种动因或动力。

这种"动力"可以凭文艺培养出来。维柯在《诗性的玄学》第一章里说：

"伟大的诗有三重任务：（1）发明适合群众了解的崇高的神话故事；（2）为达到所悬的目的，应使群众深受感动；（3）教育普通人按照诗人的教导去做合乎道德的事。"

诗的这三重任务到今天对我们也还一样适用，指的就是用重大题材使群众在情感上深受感动，教育群众去做合乎道德的事。因此，诗就成了教育群众做好人好事的动力或动因了。这种诗教也正符合中国诗教的"兴观群怨"和"涵养性情"了。

最后，在《新科学》全书结论第1098条里又提到原始英雄们因畏天敬神而控制住肉体方面的淫欲，于是才开始运用人类所特有的自由。自由就在于对肉欲和自私心的控制，把肉欲转移到心灵的轨道上去。原始野蛮人都是自己肉欲的奴隶，全都自私，克服了肉欲和自私，人才能制定和遵守公道法律，从此人类才能进入哲学时代〔1042—1043〕，才能凭自由意志和自由选择来推动社会前进或发展，社会发展才有稳实可靠的动因。

强调创造和动力的思想都是维柯在革新西方哲学方面的重大贡献。从亚历山大城以后，经院哲学在教会控制之下长期独霸了西方思想界，学者们都像歌德所描写的瓦格勒那样的书呆子困坐书斋，胡思乱想，以至如中邪入魔。当时所谓哲学也只有认识论和神学，不讲什么实际行动（如政治经济）方面的科学。跳开神学、认识论而关心实际行动的，我们只想到歌德本人从《浮士德》上部的"太初有字"跳跃到《浮士德》下部的"太初有行动"。这是近代世界来临的一个显著的征兆。其次便是和歌德同时代而比歌德还较年长的维柯，他在哲学史上也把重点放在实际行动和创造方面，可惜他在天主教会宗教法庭的残酷迫害之下，还不能摆脱出来独行其是。不过时代毕竟转变了，他所强调的动力或动因在近代西方思想中正在获得日渐广泛的响应。尼采的"酒神精神"、叔本华的"意志世界"、弗洛伊德的"力比多"（libido）和柏格森的"生命的跳跃力"（élan vital），都是著例。

维柯在后代有两个发扬他学说的人，一个是美学家克罗齐（Croce），一是墨索里尼法西斯专政的信徒金蒂勒（Gentile）。克罗齐在《美学原理》里专谈直觉，把直觉看成独立和孤立的精神活动，仿佛与实际活动无关，却另写一书专讲实践活动，单指精神活动的功利方面，例如政治经济和伦理，不许文艺活动受到实践活动的污染。他的同门金蒂勒却走到另一极端，专强调维柯的动力（conatus）或意志动力，结果走到墨索里尼法西斯专政方面去了。师徒之间发生了这种严重分歧，是值得思考的一个问题。

这问题实际上是知与行的关系问题，这两位同门弟子都把知与行割裂开来了。我国早在东周时代，孔子立教，便已标出"博学之，审问之，慎思之，明辨之，笃行之"，作为治学精进的程序，此后从宋明理学家直到孙中山先生便一直在提倡"知行合一"。在这一点上，中国哲学思想无疑比西方的较前进，这是值得我们自豪的。

十六、维柯对近代西方哲学的革新

维柯对真理和荣誉的关心都一样深切，他的《自传》已提供了相当多的第一手资料。他在学术界的地位在他在世时经过激烈的论争才逐渐得到公认。他的全集经过他的现代门徒克罗齐和尼柯里尼（Nicolini）的长期辛苦搜集编辑和校订的工作，到十九世纪中叶才印行了标准的意大利语文本。当他还在世时，他的《新科学》首先就引起法国一些史学家如库辛（Cousin）和米什莱（Michelet）等人的热烈赞赏。米什莱曾出版一个法文节译本，从此西欧各国便从民主改良派的政治立场，被维柯的历史哲学观点吸引住。各国逐渐把《新科学》译成本国文字。参加英译本工作的哈罗尔德·费希（Max Harold Fisch）在他的《维柯自传》的英译本中还写过一长篇《引论》，其中第四部分专谈"维柯的声名和影响"。此书1944年由美国康奈尔大学出版。此外，近四十年中讨论维柯的专著仍在不断地出现，可以看出维柯的影响仍在上升中。

我们在这里还不能详细介绍关于维柯影响的资料，只能就几个要点举一些突出的例证，略见一斑。

首先引起我们注意的是诗人歌德在他的《意大利游记》中1780年3月5日记下了这样一段话：

"有位意大利友人在那不勒斯让我认识到一位老

作家的《新科学》。这些近代热心研究法学的学者们从他的深不可测的思想中获得了最大的鼓舞和提高，认为他比起孟德斯鸠还更高明。他的名字是杨巴蒂斯塔·维柯。我把他们当作神圣礼物赠给我的《新科学》浏览一过，认识到其中包含着女仙式的预言，预见到今后将会或应该实现的美好公正的世界，这些预言是以生活和传统的深思熟虑为根据的。一个民族有这样一位老父亲（Altervater），真是一件幸事。哈曼（Hamann）的著作对于德国人有一天也将会在这种光照中出现。"

歌德把《新科学》带回到德国送给雅可比（Jacobi），雅可比还找到维柯的另一部著作《论意大利人的古代智慧》，看出维柯已比康德较早一步看出一个真理，用雅可比的话来说：

"康德哲学的核心在于这样一种真理：我们对一种对象的理解有一个限度，那就是先已能使它在我们思想中存在，即在理解中把它创造出来……在康德以前，在十八世纪之初，维柯在那不勒斯就早已写出：'在几何学里我们能证明，就因为我们能创造；在我们能用物理学把它证明之前，我们也必须先就能把它创造出来。因此，凡是企图以先验的方式来证明神的人们都应为胸怀不虔敬的好奇心而受到谴责。玄学真理的明晰就像光的明晰一样，我们只能借助于不透明的东西才能见出光的明晰；因为我们不能见到光，除非借助于反光的东西。具体的事物都不是透明的；它们都具有形状和界限，我们从这些形状和界限中才看出玄学的光。'"（引自雅可比的论文《论神圣事物及其认识》）

当时德国学术界在日渐注意到维柯的历史发展观点。其中有"北方哲人"称号的即歌德所提到的哈曼。歌德读过《新科学》就写信给他的门徒赫尔德（Herder），所以这位以《人类历史哲学思想》著名的作者在写书之前就已知道维柯了，而在他的《促进人道的书简》（1799年出版）里便已谈到维柯的历史观点。1822年韦伯（W. E. Weber）出版了《新科学》的德文译本，编者在注释中作出了维柯与黑格尔的对比。1837年黑格尔的《历史哲学演讲集》出版时，编者在注释中也作出维柯与黑格尔和其他德国作家们观点的比较。德国著名哲学家文德尔班在海德堡大学演讲中就用赫尔德和维柯作为两种史学观点的代表，赫尔德代表世界通史，维柯则代表国别史。关于维柯，他特别提到维柯的历史过程轮回论，经历一段过程之后又复演，并且称赞维柯认为一个民族一旦从野蛮回升到文明就会退回到一种新的、比第一次野蛮时代还更糟的野蛮时代的看法很尖锐而且公平。这段话就说明了维柯对德国一些持历史发展观点的赫尔德、歌德和黑格尔等大师的影响。

在法国，孟德斯鸠在1728年游历过意大利，第二年到那不勒斯时，维柯亲自欢迎他，并且赠送给他一部《新科学》。这两位法学家在原则方面有某些类似，但还不能断定孟德斯鸠受了维柯的影响。卢梭在1743—1744年在威尼斯法国使馆里当过十八个月的秘书。当时卢梭已在构思一部关于政治制度的巨著，很可能受到《新科学》的影响。卢梭的《论各种语言的起源》头六章中基本上复述了维柯的论点，例如谈到无声的语言、象形文字、诗早于散文以及对于荷马的看法。这篇论文原来是替百科全书写的，后来作为《论人类不平等的起源》的副编。在他的巨著《各种政治制度》里，他用语文的起源作为民政社会的锁钥，也显然受到维柯的影响。在狄德罗的其他作品里也往往流露出维柯的影响。狄德罗把维柯看作孟德斯鸠的先驱。以此可见，维柯在法国启蒙运动领袖中早已得到普遍的赞赏。在当时法国学术界权威库辛的怂恿之下，米什莱于1835年出版了维柯的《新科学》和其他著作的法文节译本，维柯的声誉在全欧就立即高涨起来。英国评论家弗林特（Robert Flint）在《论维柯》中说：

　　"维柯在全欧的声誉大半要归功于米什莱的《维柯论著选译》。米什莱最聪明处在于放弃了直译法，力求忠实地而且生动地译出作者原文的内容和精神。他很巧妙地做到这一点，以至多数能读意大利原文的读者都会觉得读译文比读原文获益还更大。米什莱的节译本身就是一项天才的作品。"

这段话正是十九世纪读者阅读维柯的情形，其实1822年韦伯的德文译本及稍后1844年贝尔基伊索（Belgioiso）的法文译本，都更注意字面的忠实，却很少人读。就连意大利读者们也发现到米什莱的法译本比意大利原文本还易懂。费希总结了米什莱的法译本对法国文化界的功劳说：

"到了十九世纪中叶，法国知识界到处都是维柯派，哲学家们、历史家们、古典学者们和批评家们都尊重维柯，诗人们和小说家们都受到维柯的感发兴起。受维柯影响而成就最大的法国历史学家是《古代城邦——古希腊罗马祭祀、权利和政制研究》的作者库朗热（Fustel de Coulanges）。"

米什莱对当时德国文化思想也作了同情的传述，他替德国沃乐夫（Wolf）、库劳泽尔（Creuzer）、尼布尔（Niebuhr）、萨维尼（Savigny）、甘兹（Ganz），尤其是雅各布·格林（Jacob Grimm）诸大师的研究开了路。"这样，维柯就通过米什莱的媒介成为德法两国文化的沟通人"。

作为英国人，费希详细介绍了维柯和英国文化界的关系。除上文已提到的培根、霍布斯、塞尔敦、夏夫兹博里诸人之外，宣扬维柯思想的，首先要推诗人柯勒律治（Coleridge），他特别赞赏维柯对荷马的发现和关于语言起源的理论。一般英国学者多半从作风宽大的教会制度、实证主义和理性主义的观点赞赏维柯，对维柯的认识大半来自米什莱的法译本。至于对维柯作过直接的深入研究而写出至今仍为权威著作的则应首推弗林特，他在1884年写出评介维柯的专著；其次则为柯林伍德（R. G. Collingwood），他除了把克罗齐的《维柯的哲学》译成英文之外，还写了一些有见地的评介维柯的文章。维柯对近代英国新文学的影响特别表现于乔伊斯（J. Joyce），他的一部轰动一时的小说《尤利西斯》（Ulysses）就是根据维柯的哲学观点写出来的；我国现代派"意识流"的小说家们也受到《尤利西斯》的影响。

无论在德法英各国还是在意大利本身，维柯的最大功绩都在建立了历史发展观点以及认识来自创造的实践观点。这在《新科学》对马克思主义者的影响中特别可以见出。马克思在仔细阅读了拉萨尔的《既得权利的体系》巨著之后，从伦敦写信给他说，"使我惊讶的是你好像没有读过维柯的《新科学》，这倒不是它对你的专题有什么用处，而是因为他对罗马法精神的哲学看法与法学门外汉们所见到的正相反。"过了五年之后，马克思在《资本论》里一段很长的脚注里说了一些极重要的话：

"一部技术批评史会使人认识到十八世纪中任何一项发明都很少是某一个人的工作，还没有见到出版过这样一部书，达尔文已引起我们对自然界技术史的兴趣，指的是植物和动物的各种器官作为低等动植物生命的生产器官的发展。至于生活在社会中的人类的生产器官，也就是作为每种社会组织的物质基础的那些生产器官，不也值得引起同样的注意吗？因为像维柯所说的，人类历史和自然界历史之间的差别要点在于人类历史是由人类自己创造的，而自然界历史却不是，是否人类技术史比起自然界技术史就较易写出呢？凭揭示出人对自然的交往，即凭人用来支持生命的各种生产活动，技术就揭示出人的社会关系以及发源于这些社会关系的心头思想。"（《马恩全集》德文版卷三，页 63）

　　值得特别注意的是，马克思在《路易·波拿巴的雾月十八日》里一开始就明确地说："人类历史是由人类自己创造的"，这也正是维柯对于历史的基本看法。所以马克思主义者一般都承认维柯是历史唯物主义的先驱。例如，意大利马克思主义者安东尼·拉布里奥拉（A. Labriola）在《唯物史观论文集》里以及马克思的女婿拉法格在《经济决定论》里也认为维柯、摩尔根和马克思是一脉相承的。托洛茨基在《俄国革命史》第一页里就引用了维柯的话。

十七、维柯和克罗齐对我国美学界的影响

本人于二十年代在欧洲接触到美学大师克罗齐的一些著作，曾把他的《美学原理》译成中文，由作家出版社出版。他的思想是唯心主义的，这是无可讳言的，曾引起国内美学界长期讨论和批判。为了进一步了解克罗齐，我才涉猎到他的思想祖师维柯的《新科学》，在六十年代编写《西方美学史》，曾用专章片面地介绍过维柯关于形象思维的一些精辟见解，垂暮之年翻阅旧作，深愧把维柯也看成和克罗齐一样是位唯心主义者，有负于《新科学》这样划时代的著作，因此下定决心把它译成中文。在动手翻译时才发现难度远远超过我在五十年代译完的黑格尔的《美学》三卷。原因很多，首先在不懂意大利文，而所依据的英译本文章又不够流利简洁，二则我对西方古代史和罗马法学知道的太少，三则年老体衰而杂扰又多，不能专心致志，对现在这部译文自己也深感不满，只能寄希望于未来的好学深思之士细加校改或索性改译。由于长期的批判和讨论，国内美学界对克罗齐和维柯的认识也已日渐提高，所以我相信上述将来有人改译的希望不至落空。

在翻译维柯过程中，我才初次懂得笛卡尔的"我思故我在"所引起的维柯的"认识真理凭创造"以及"人类历史是由人类自己创造的"之类截然相反的论断，在哲学思想发展中是个翻天覆地的变革。近几十年中，我也花过不

少的时间钻研马克思主义经典著作，并且对中译本提出了一些修改的意见载在《美学拾穗集》里。在一些基本哲学观点上（例如人性论、人道主义以及认识凭创造的实践活动观点，人类历史由人类自己创造出来的观点等），维柯都是接近马克思主义的。我在人性论和人道主义以及文艺靠形象思维等问题的论争中曾公开发表过我的意见，这些意见和一般报章杂志中流行的议论原是唱反调的，但是赞同我的看法的人却也一天多似一天，因此深信真理越辩越明。问题涉及近年来一直在流行的哲学和文艺方面的"反映论"，以为哲学思想和文艺创作都应"如实地"反映客观世界，不应夹杂个人主观情感和思想，稍涉主观便成了罪状。我一直坚持的"主客观统一"，大约在五六十年代之间也一直成为攻击的目标。看轻主观其实就是看轻人，所以人性论和人道主义也就可以构成罪状。自从在维柯的《新科学》和马克思主义经典著作两方面下了一点功夫，我比从前更坚信大吹被动的"反映论"对哲学和文艺都没有多大好处。

趁便提一下人在认识事物不能离开构造或创造的实例。从去年以来，我每天早晚都花几十分钟锻炼站桩气功，无论在北大校园，还是现在在庐山顶的"文联读书之家"，我都发现仰望到的树枝和树枝之间的空隙形成各种各样的完整的图形：一个彪形大汉、一个正襟危坐的少女、一座楼台、一驾马车，甚至一架标出时针的钟。到下次在同时同地仰望，同样的图形又复现，尽管小有变更。这些图形可以说是我的认识对象，它们确实"反映"了客观世界，万里无云旷野无障碍物的晴天大概不会显现这些时钟和大汉少女（类似古人所说的"白云苍狗"），但是它们同时却也反映了我对完整形式的主观要求，我原有的对时钟马车之类的主观认识，在看出这些时钟、马车、大汉、少女之中，我的"幻想"即维柯所说的诗性智慧，也起了创造或构成的作用。以此类推，我们的认识，无论是关于宏观世界还是关于微观世界的任何认识，有哪些能完全不经过维柯所说的构成或创造作用呢？我们的文艺创作有哪些是摄影式的反映而不受作者本人的"意匠经营"呢？我们都是人而却否定人在创造和改造世界中所起的作用，能说这就是马克思主义吗？

最近我偶然读到本年度《读书》杂志第五期发表的协和医院邱仁宗教授写的《探索认识的发生》一文，其中介绍了瑞士心理学家皮亚杰（J. Piaget）的《儿童心理学》和《发生认识论原理》，并且说明了他本人对这个问题的探讨。我过去在英国听过皮亚杰讲儿童心理学，并且在讨论形象思维的论文里还引过皮亚杰作证，但是至今还未读到他的《发生认识论原理》。读到邱教授的介绍，才知道所谓"知识发生构成论（constructionism）"正是维柯所讲的"认识真理凭创造"，不过还加上"刺激与反应的相互作用"，"通过刺激被个体同化（assimilation）于认识结构中而实现的"。所以认识的发生是外界事物通过内部认识结构起作用的。这正说明了上文练站桩气功见到时钟、马车、大汉和少女之类图形的事例。同期《读书》杂志上还发表了华飞的《控制论与经济学》，也提出控制对调节经济管理和统计的重要性。这也是把科学从机械的反映论扳到科学控制的正确轨道上去。读到这类文章，我特别感到高兴，因为我从中看到维柯的重视实践的认识论在我国科技界已得不谋而合的响应。此外，我最近还读到英国学者特伦斯·霍克斯（T. Hawkes）的近著《结构主义与符号学》一书，其中特别论证了维柯的认识凭创造的理论对现代结构主义的影响。我愿意随我国学术界同行们一起睁开眼睛看世界。闭户造车在今天是行不通的。

1982年晚夏脱稿于庐山白云宾馆"文联读书之家"

1983年寒假校改

附篇一　发现真正的荷马（《新科学》第三卷）

第一部分　寻找真正的荷马

〔序论〕

780　我们在第二卷已证明：诗性智慧是希腊各民族的民俗智慧，希腊各民族原先是些神学诗人，后来是些英雄诗人。这种证明的后果必然是：荷马的智慧决不是另外一种不同的智慧，但是柏拉图〔《理想国》598ff, 606f!〕[1]却坚决认为荷马赋有崇高的玄奥智慧，最先是〔伪〕普鲁塔克写了一整部书来谈这个问题*〔652，867〕[2]。

1　凡译文中以数目为单位之注乃译者注。英译本之原注悉以*为号。方括号内的数字为援引旁人或旁书的地方，这里引柏拉图的《理想国》598行以下，ff代表以下数句，如果是f就指以下一句，最后的"！"符号表示不准确或有疑问。

2　全书每段都用号码标出，为寻找本段与上文或下文某些段前后呼应的关系，例如本段中〔652，867〕就指看看本书652，867两段。

*　《荷马的生平和诗篇》，《普鲁塔克全集》，第五卷，100—164页。

我们在这里要特别研究荷马是否算得上一个哲学家。朗吉弩斯对这个问题写过一整本书[**]……

〔第一章〕 记在荷马账上的玄奥智慧

781 让我们把荷马本来确实有的东西记在荷马账本上吧！荷马要遵从他那个时代的野蛮的希腊人的十分村俗的情感和习俗，因为只有这种情感和习俗才向诗人们提供恰当的材料，所以我们应承认荷马所叙述的：他是凭诸天神的力量来尊敬诸天神的，例如天帝约夫〔希腊人称宙斯，即雷神。——译注〕的大锁链的神话故事就在企图证明约夫在神和人之中都是王〔387〕。根据这种村俗信仰，荷马使人可相信：狄俄墨德斯借雅典娜之助居然能伤害女爱神和战神，在诸天神争战中劫掠了女爱神，用一块大岩石击中了战神〔《伊利亚特》21. 403ff，423ff〕，（而雅典娜在村俗信仰中确是个哲学女神〔509ff〕，她使用的武器居然配得上天帝的智慧！）让我们允许荷马叙述当时流行于希腊各民族中的那种无人道的习俗吧（而这些野蛮民族都会被人们认为曾向世界传播人道，而且谈论部落自然法的学者们居然声称这种无人道的习俗是在各民族中永远流行的）！例如他叙述到雅典娜运用的武器中有毒箭（尤

[**] 瑞达（Suida）字典中论朗吉弩斯条如是说。

利西斯去厄非拉那地方就是寻毒草来造毒箭〔《奥德赛》1．259ff〕）。他还叙述到拒绝埋葬在战场上打死的敌人尸首，任狼狗和鹰鹫吃掉那种无人道的习俗（因此，老国王普里阿摩斯用大笔赎金去赎回他儿子赫克托尔的尸首，尽管这具尸首已被剥光衣服，系在阿喀琉斯的战车上拖着绕特洛城墙已走了三圈〔667〕）。

782　然而诗的目的如果在驯化村俗人的凶恶性，这种村俗人的教师就应是诗人们，而一个熟悉这种凶恶情感习俗的哲人就不能起这种作用：即引起村俗人去羡慕这种凶恶的情感和习俗，从中感到乐趣，从而让这种乐趣去加剧这种凶恶的情感和习俗；同时一个哲人也不应引起凶恶的村俗人去对神和英雄们的丑恶行为感到乐趣。例如战神在争吵中骂雅典娜是"狗屎苍蝇"〔《伊利亚特》21．394〕；雅典娜拳打狄安娜（实即女爱神）；阿伽门农和阿喀琉斯相呼为狗，而阿伽门农还是希腊联军的最高统帅，阿喀琉斯也是希腊方面的最大英雄，而且两人都是国王〔《伊利亚特》1．225〕，就连在今天通俗喜剧里仆人们也少有这种下流表现。

783　但是天底下有什么名称比"愚蠢透顶"来称呼阿伽门农的智慧更贴切呢！阿喀琉斯逼他做理应做的事，把劫来的女俘克律塞伊丝送还给她父亲，即阿波罗的司祭，这位阿波罗神正为他的司祭这个女俘被劫掠而用残酷的瘟疫来使大批希腊军队死亡。阿伽门农却认为自己受了侮辱，而他挽回荣誉的办法却和他的智慧相称，偷偷地把阿喀琉斯的女俘克律塞伊丝弄到自己身边，阿喀琉斯也不顾自己身负特洛伊战争胜败（和希腊兴亡）的重任，就愤而带领他的士兵和舰船撤退出来，任赫克托尔很快就杀掉还没有死于瘟疫的希腊人。这就是前此被认为是希腊政治或文化的缔造者的荷马这位诗人的本色。从这种线索开始就织成全部《伊利亚特》，其中主要角色就像阿伽门农这样一位统帅以及像上文谈到的原始各族人民的英雄体制时已经介绍过的阿喀琉斯那样一位英雄〔667〕。荷马在这里以无比的才能创造出一些诗性人物性格〔809〕，其中一些最伟大的人物都是和我们现代人这种文明的人道的性质毫不相容，但是对当时斤斤计较小节的英雄气质却完全相称〔667，920〕。

784 此外：我们应该怎样看待荷马把他的英雄们描绘为那样嗜酒贪杯，每逢精神上感到苦恼，就从酩酊大醉中求安慰呢？以智慧见称的尤利西斯尤其如此〔《奥德赛》8. 59—95〕。这倒是求安慰的好教训，最配得上一个哲学家啊！

785 斯卡里格（Scaliger）在他的《诗学》〔5. 3〕里发现到荷马的全部譬喻都是从野兽和野蛮事物中取来的，就感到愤怒，但是纵使我们承认荷马有必要用这类野蛮事物，以便于本来就野蛮村俗的听众更好地理解，他在这方面确实是成功了，他的那些譬喻确是高妙无比的，可是这当然不是受过哲学熏陶和开化过的心灵所应有的特征。而荷马所描绘那么多的各种不同的血腥战争，那么多的五花八门的过分残酷的屠杀，这些都是《伊利亚特》全部崇高风格所由自。这种酷毒野蛮的描绘风格就不可能来自受过任何哲学感染和人道化的心灵。

786　此外，由研究哲学家们的智慧所养成的始终一致的恒心也不可能把神和英雄们描绘成那样飘忽无常。其中有些角色尽管深感激动和苦恼，一碰到些微的相反的暗示，便马上风平浪静；还有另外的角色正在盛怒咆哮之中偶然想到一个凄惨事件，马上就嚎啕大哭起来〔《伊利亚特》24．507ff〕。（意大利在复归的野蛮时期，情况与此也正类似。）例如处在这第二个野蛮时期³之末，号称"塔斯康区域的荷马"的但丁也只歌唱当时历史人物〔817〕。我们前已提到的当时人写的《芮安佐的传记》生动地把芮安佐描绘为正如荷马描绘的一样〔野蛮成性〕〔699〕，当他谈到当时罗马政权下人民深受大人物压迫时，他和他的听众都忍不住痛哭流涕，另外有些人物则与此相反，在极端哀伤中如果碰上某种愉快的消遣，例如尤利西斯在阿尔岂弩斯国王的筵席上那样，马上就忘却一切烦恼，尽情欢闹起来〔《奥德赛》8．59ff〕。另外一切角色本来心平气和，

3　维柯是历史循环论的主要代表，西方到了人的时代之末，公元四世纪以后，又回到野蛮时期，即"黑暗时期"或"蛮族入侵时期"，维柯把它称为"复归的野蛮时期"或"第二个野蛮时期"。

听到一句天真话不合口味，就翻起脸来，作出狂暴愤怒的反应，威胁要杀死对方。阿喀琉斯也是如此，他在上述普里阿摩斯老国王在帐篷里招待他时听到老国王于无意中说了一句不合他口味的话，马上就勃然大怒，丝毫不顾这位老国王是在交通神保护之下，深夜里只身穿过希腊军营来赎回他儿子的尸首，这是对他完全信任，他竟不体贴这位老国王所曾遭到的许多沉重灾祸，不顾他对老年人应有的尊敬，对人类共同命运应有的同情和怜悯，禁不住野兽般地狂怒，咆哮如雷地大喊要砍掉那老人的头〔《伊利亚特》24. 552ff〕，也就是这位阿喀琉斯下定决心要报阿伽门农对他的私仇（尽管他曾受到严重的伤害，也不应以使祖国和全民族遭毁灭的方式来报复）。尽管他身负决定特洛伊战争胜负命运的重任，他竟不顾爱国心和民族光荣，亲眼坐视全体希腊人在赫克托尔猛攻下，势将覆灭，不但见死不救，反而觉得开心，后来他终于出兵援助，也只是由于他的爱友帕特洛克罗斯在战场上被赫克托尔打死这种私愤，他被夺去的女俘到死也不解恨，直到他把本是特洛伊王室的一位姑娘而战后也成了女俘的美丽而不幸的波立克辛娜就在她父亲的墓上杀掉，喝干了她的最后一滴血才甘心〔欧里庇德斯：《赫库巴》悲剧37，220f〕。真正不可理解的是：一个诗人如果真具备哲学家的谨严思考，竟能自寻开心，像荷马用来塞满另一部史诗《奥德赛》里那样多的让老婆婆讲给孩子们听的寓言故事。

787　像我们在第二卷里关于英雄本性的系定理部分〔666ff〕所展示的那样一些粗鲁野蛮、飘忽无常、无理固执、轻浮愚蠢的习性究竟是哪种人才会有呢？那种人心智薄弱像儿童，想象强烈像妇女，热情奔放像狂暴的年轻人。因此，我们否认荷马有任何〔哲学家才有的〕玄奥智慧，就是这些考虑所引起的一些疑难才使我们感到有必要来寻找出真正的荷马。

〔第二章〕　荷马的祖国

788　过去人们都把玄奥智慧归到荷马身上，现在让我们先研究荷马出生的地方。几乎所有的希腊城市都声言荷马就生在它们那里，还有不少的人断言荷马是一个生在意大利的希腊人。里阿·亚拉契（Allacci）在他的《荷马的故乡》一书里枉费了许多气力。但是传到我们的（古代）作家没有一个比荷马更早，像约瑟夫斯强烈反对语法学家阿庇安〔即商务印书馆印行的两卷本《罗马史》中译本的作者。——译注〕的主张所持的论证〔438〕。既然这些作家们出生都比荷马晚得多，我们就不得不运用我们的玄学方法〔348〕，把荷马看作一个民族创建人，从荷马本人著作里发现荷马的年代和故乡。

789　就荷马是《奥德赛》的作者来说，有确凿的证据使我们相信荷马来自希腊的西部稍偏南的地区。《奥德赛》

里有一段著名的叙述可以为证。菲卡修姆〔即今 Corfu，考府，在地中海的希腊岛。——译注〕国王阿尔岂弩斯在尤利西斯急于启程赶路时，向客人提供一艘装备好的海船由他的家丁们当水手，他告诉客人说，这些水手都是航海老手，如果有必要，可以把客人送到攸比亚（Euboea）的黑人桥，这是希腊人的极北点（Ultima Thule）。这段叙述清楚地证明了创作《奥德赛》的荷马和创作《伊利亚特》的荷马并非同一个人，因为黑人桥离特洛伊并不远，特洛伊正坐落在亚细亚，靠近黑海岸上一个窄海峡上，海峡上现在有两座要塞，叫做达旦尼尔，这个名称至今仍令人回想起它所自出的达旦尼尔（Dardania）在古代就是特洛伊国的领土。我们从塞涅卡（Seneca）的《论生命的短促》（13．2）一文里确实见到过去语言学家们对《伊利亚特》和《奥德赛》是否属于同一个作家就曾有过争论。

790　至于希腊许多城市都争着要荷马当公民的光荣，这是由于几乎所有这些城市都看到荷马史诗中某些词、词组乃至一些零星土语俗话都是他们那个地方的。

791　以上这番话可以有助于我们发现真正的荷马。

〔第三章〕　荷马的年代

792　从荷马史诗中下列段落，我们可以找到荷马的年代。

I : 793　阿喀琉斯为他的密友帕特洛克罗斯的葬礼安排了各种游艺，其中一切项目到后来希腊文化达到高峰时都是在奥林匹克运动会中要表演的〔《伊利亚特》23.257ff〕。

II : 794　当时浅浮雕和金属镌镂两门艺术已经发明了。许多例证之中有阿喀琉斯的盾牌（681ff）〔这是《伊利亚特》中有名的对一件艺术总的描绘。——译注〕。绘画当时还未发明，因此浮雕把事物的表面抽象出来，镌镂也是如此，只是刻得较深一点，而绘画却要把事物的表面全部抽象出来，这要算最高度的精巧手艺。因此无论是荷马还是摩西〔希伯来人的民族创建者。——译注〕都不曾提到任何绘画，这就证明两人的年代都很古老。

III : 795　阿尔岂弩斯国王花园里的各种怡人事物，以及宫殿的富丽堂皇和筵席的丰盛〔《奥德赛》7.81—184〕，都显示出当时希腊人已达到欣赏奢侈和华丽排场的阶段。

IV : 796　当时腓尼基人输送到希腊海岸的商品已有象牙、紫红染料、使女爱神所居岩洞散发香气的阿拉伯香料，一种比洋葱表皮还薄的亚麻〔《奥德赛》19.232ff〕，以及求婚者们献给珀涅罗珀王后作礼物的绣衣。这种绣衣先在织框上设计好，安上精细的弹簧，使丰满的胸臀突出来，纤细腰部缩进去〔《奥德赛》18.292ff〕。这种新的手艺配得上我们今天讲究娇艳的时代。

Ⅴ：797　特洛亚老国王坐着去见阿喀琉斯的乘舆〔《伊利亚特》24. 265ff〕是用雪松木做的，而卡吕普索的岩洞〔《奥德赛》5. 59ff〕撒了香料，散出满洞香气，这种感官方面的精细讲究，后来罗马人最爱在奢侈方面花钱的尼禄等皇朝也望尘莫及。

Ⅵ：798　再如喀平刻（Circe）的奢华的浴室〔《奥德赛》10. 360ff〕。

Ⅶ：799　跟随求婚者们的青年仆人们〔《奥德赛》1. 144ff〕都很隽秀，淡黄头发，风度翩翩，简直就像现代社交礼节所要求的那样。

Ⅷ：800　男人们和女人们一样讲究发型。这却是阿默德和赫克托尔都用来谴责女子气重的帕里斯的一项罪状〔《伊利亚特》3. 54f, 11. 385 〕。

Ⅸ：801　荷马描绘他的英雄们，确实常说他们总是吃烤肉〔《理想国》404BC〕。烤是烹调肉食的最简单的办法，因为只需要炭火，这种做法在牺牲祭礼中曾保持住。罗马人用 prosiicia 这个词来指在祭坛上烤熟的牺牲〔近似古汉语中的"燔肉"，见《论语》。——译注〕。肉烤熟之后就割开来分享宾客。不过后来无论是作祭供的还是不作祭供的肉都放在烤叉上去烤。例如阿喀琉斯在享宴特洛亚老国王时〔《伊利亚特》24. 621ff〕亲自把小羊切开，然后由他的密友〔《伊利亚特》9. 201ff!〕把肉放在烤叉上烤，放好餐席，把面包放在篮子里摆在席上。因为英雄们所说的盛宴都带有牺牲献祭礼的性质，他们自己就扮演司祭的角色。在拉丁人中间这种享宴方式还保存在 epulae 这个词里，这是由于大人物在隆重的"国宴"上宴请人民的，在这种神圣筵席上司祭们也参加，因此阿伽门农亲自宰了两头小羊，以宗教的仪式来表明他同特洛伊老国王订的战争条约是神圣不可侵犯的〔《伊利亚特》3. 271ff〕。当时这样的隆重的典礼今天不免使人联想到一个屠夫的作用！只有这个阶段以后，才有烹煮的肉食，最后才出现调味的食品，这就需要佐料。且回头来续谈荷马的英雄筵席。他描写过希腊人的最美味的食品是用面粉、奶酪和蜂蜜来做的〔《伊利亚特》11. 628ff，638ff；《奥德赛》10. 234f，20. 69〕。不过他用的比拟词中有两个是从水产或渔业中来的〔《伊利亚特》16. 406ff，742ff；《奥德赛》5. 51ff，432ff，10. 124，12. 251ff，22. 384ff〕。还有尤利西斯在乔扮乞丐向一个求婚者求施舍时说过，天神们会把渔产丰盛的海赐给对流浪汉乐善好施的人们〔《奥德赛》19. 113f〕。鱼在筵席上通常是最好的美味。

X：802 最后是更切合本题的一点。荷马像是出生在英雄法律在希腊已废弛而平民自由政体已开始起来的时期，因为他所叙述的英雄们已和外方人结婚，而私生子也可以继承王位了。实际上情况也本应如此，因为很久以前，赫拉克勒斯被丑恶的人马妖涅索斯所污染，就发疯而死，这就已显示英雄法律体制已告终了〔赫拉克勒斯携妻子外逃到一条河边，把妻子交给人马妖驮着过河，被人马妖奸污，这就破坏了英雄法律中的正式婚姻制度。——译注〕。

XI：803 所以关于荷马的年代，我们不愿完全鄙视从荷马史诗本身所搜集来的凭证〔《伊利亚特》没有《奥德赛》所提供的凭证那样多〕，朗吉弩斯认为《奥德赛》是荷马晚年的作品〔《论崇高》9. 11ff〕，我们证实了把荷马摆在特洛伊战争之后很远的那些学者们的意见，中间的间隔时间长至四百六十年，或者说大约直到努玛时代〔865〕〔努玛是罗马的第二代国王。——译注〕。说实在话，我们相信自己不把荷马摆到甚至更接近我们的年代，是在向这些学者们让步。他们说在努玛时代以后埃及国王莎万提卡斯才让埃及向希腊人开放。但是从《奥德赛》里许多段来看，希腊人早已让希腊向腓尼基人开放，和他们通商了，希腊人爱听腓尼基人的故事正不下于爱买他们的商品，正如欧洲人今天对待印度群岛的故事一样。由此可见，荷马一方面从来没有到过埃及，另一方面他却叙述到埃及和利比亚、腓尼基和亚细亚，特别是意大利和西西里岛的事物，这二者之间并没有什么矛盾，因为这些事物都是由腓尼基人说给希腊人听的。

XII：804 可是我们仍无法理解另一个矛盾：荷马同时把他的英雄们描绘为既有那么多的文明习俗，又有那么多的野蛮习俗，特别在《伊利亚特》里是如此。所以为不把野蛮行为和文明行为混淆一起，如贺拉斯所说〔《论诗艺》12〕，我们就必须假设荷马的两部史诗是由先后不同的两个时代中两个不同的诗人创造出来的和编在一起的。

XIII：805　因此，从上文提到的关于荷马的故乡和年代的一些过去的看法来看，种种疑难提起了我们的勇气来寻找真正的荷马。

〔第四章〕　荷马在英雄诗方面的无比才能

806　上文已说明的荷马完全没有玄秘哲学，以及对荷马故乡和年代的发现都使我深深地疑心到荷马也只是人民中的一个人。贺拉斯在《论诗艺》〔128ff〕里的一番话使这种疑心得到了证实。他说到在荷马以后极难创造新的悲剧人物性格，因而规劝诗人们最好从荷马史诗中借用人物性格。这里所说的"极难"还应联系到另一事实来看，希腊新喜剧中的人物性格全是人为的虚构，雅典就有一条法律，规定新喜剧的人物性格必须是完全虚构的才准上演。希腊人在这点上做得很成功，使不管多么骄傲自大的拉丁人也无法和希腊人比武，昆惕宁在《论修辞术》〔12. 10. 38〕里就承认过"我们在喜剧方面无法和希腊人竞赛"〔《论修辞术》第十卷叙述了希腊和罗马的文学简史。——译注〕。

807　除贺拉斯指出的困难之外，我们还要加上两种范围较广的困难。其一是荷马既然出现最早，何以竟成了一个不可追攀的英雄诗人？悲剧的出现本来较晚，开始时很粗陋，这是人所熟知的。我们在下文〔910〕还要详谈这一点。另一困难是：荷马既然出现在哲学以及诗艺和批评的研究之前，所以竟成了一切崇高诗人中最崇高的一位，而在哲学以及诗艺和批评的研究既已发明之后，何以竟没有一个诗人能远步荷马的后尘而和他竞赛呢？我们且把这两种困难暂时放下，先指出贺拉斯所说的困难加上我们关于新喜剧所说的事实曾引起帕特里齐、卡斯特尔维特罗〔384〕那些论诗艺的大师们研讨过上述分别的理由。

808 理由只有从上文"诗性智慧"部分已找到的诗的起源中去找，也就是从已发现的诗的本质即诗性人物性格中去找〔376ff〕。因为新喜剧所描绘的是当前的人类习俗，即苏格拉底派哲学家们所思索的人类习俗。因此，希腊诗人们深受这派哲学关于人类道德的学说的浸润（例如麦南得和他相较，拉丁人把他的特积斯称为"半个麦南得"，因而能创造出一些光辉的范例），显示出一些观念（或理想）中的人物典型，用来唤醒一般村俗人，这些村俗人最擅长于向说服力很强的具体范例学习，尽管他们不能根据推理所得出来的箴规来理解。旧喜剧都从现实生活中取来剧中情节，使所作的剧本就按照事物本来的样子，例如邪恶的阿里斯托芬就曾这样描绘过老好人苏格拉底，造成这位喜剧角色的身败名裂〔906，911〕〔指的是阿里斯托芬的喜剧《云》。——译注〕。但是悲剧展现在剧场上的却是英雄们的仇恨、侮慢、愤怒和复仇，这些都是出自英雄们的崇高本性。这些本性自然而然地发泄于情绪、语言方式和行动，通常是野蛮、粗鲁和令人恐怖的。这类情节都带有一种惊奇色彩，而在题材安排上彼此之间有紧密的一致性。希腊人只有在英雄体制时代才能创造出这类作品，所以荷马只能出现在这个时代末期。这一点可以用本节所用的玄学批判来说明。这类神话故事在初产生时原是直截了当的，达到荷马手里时已经过歪曲和颠倒了〔221〕，从上文"诗性智慧"部分始终都提到一些公理中就可以看出〔514，708〕；这些神话故事起初原是真实的历史，后来就逐渐遭到修改和歪曲，最后才以歪曲的形式传到荷马手里。因此荷马应该摆在英雄诗人的第三个时期〔905〕。第一个时期创造出作为真实叙述的一些神话，"真实的叙述"是希腊人自己对神话（mythos）一词所下的定义〔401，814〕。第二个时期是这些神话故事遭到修改和歪曲的时期。第三个即最后时期就是荷马接受到这样经过修改和歪曲的神话故事的时期。

809 不过现在且回到我们的本题，以便指出下面一个理由。亚里士多德在《诗学》里〔24. 18. 1460a 19〕说，只有荷马才会制造诗的谎言〔"把谎说得圆"。——译注〕。因为荷马的诗性人物性格具有贺拉斯所称赞的〔806〕无比崇高而妥帖的特征。他们都是些想象性的共性（imaginative universals），如上文"诗性玄学"部分所下的定义〔381〕。希腊各族人民把凡是属于同一类的各种不同的个别具体事物都归到这类想象性的共性上去〔209，402，412ff，934〕〔这里说的就是"典型"，典型不是"抽象的共相（概念）"而是"想象的共相"，即用形象形成的共相，能代表某一类人的人物性格。——译注〕。例如阿喀琉斯原是《伊利亚特》这部史诗的主角，希腊人把英雄所有的一切勇敢属性以及这些属性所产生的一切情感和习俗，例如暴躁、拘泥繁文缛节、易恼怒、顽强到底不饶人、狂暴、凭武力僭夺一切权力（就像贺拉斯在《论诗艺》〔119ff〕对他所总结的），这些特征都归到阿喀琉斯一人身上。再如尤利西斯是《奥德赛》这部史诗的主角，希腊人也把来自英雄智慧的情感和习性，例如警惕性高、忍耐、好伪装、口是心非、诈骗、老是说漂亮的话而不愿采取行动、诱旁人自堕圈套、自欺，这些特性都归到尤利西斯一人身上。希腊人总是把个别具体人物的各种行动（情节）按类别分属于上述两种人物性格上去，只要这些行动（情节）是足够突出到能引起仍然迟钝愚笨的希腊人都注意到而且归到上述两类中去，这两种人物性格由于都是全民族所创造出来的，就只能被认为自然具有一致性〔这种一致性对全民族的共同意识（常识）都是愉快的，只有它才形成一种神话故事的魅力和美〕；而且由于这些神话故事都是凭生动强烈的想象创造出来的，它们就必然是崇高的〔142，144〕。从此就产生出诗的两种永恒特性：一种是诗的崇高性和诗的通俗性（人人喜闻乐见）是分不开的，另一种是各民族人民既然首先为自己创造出这些英雄人物性格，后来就只凭由一些光辉范例使其著名的那些人物性格来理解人类习俗〔就像凭阿喀琉斯和尤利西斯来理解希腊社会习俗，在我国曹操和诸葛亮、李逵和宋江、薛宝钗和林黛玉等著名角色也起着同样的作用。——译注〕。

〔第五章〕　发现真正荷马的一些哲学证据

810　根据以上所述，可以把下列一些哲学证据搜集在一起。

Ⅰ：811　首先就是列在上文"公理"中的第一条〔201〕；人们自然而然地被引导到保留住促使他们团结在他们所属的社会中的那些制度和法律的记忆。

Ⅱ：812　卡斯特尔维特罗所理解的那条真理是：最先出现的必然是历史，然后才是诗，因为历史是真实事物的简单叙述，而诗除此以外还是一种摹仿。足见这位学者在其他方面尽管眼光最锐敏，还不能利用这条真理作为发现真正荷马的钥匙，也还没有把这条真理和下列一些其他哲学证据合在一起来看。

Ⅲ：813　由于诗人们当然出生在村俗史学家们之前，最初的历史必然是诗性的〔即神话故事性的。——译注〕。

Ⅳ：814　神话故事在起源时都是些真实而严肃的叙

述，因此 Mythos（神话故事）的定义就是"真实的叙述"〔401，808〕。但是由于神话故事本来大部分都很粗疏，它们后来就逐渐失去原意，遭到了窜改，因而变成不大可能，暧昧不明，惹笑话，以至于不可信〔221，708〕。这些现象就是神话故事中的诸疑难的七个来源，从本书第二卷中就易看出。

V：815　如第二卷所已说明的，神话故事是以窜改歪曲的形式传到荷马手里的〔808〕。

VI：816　神话故事的精华在于诗性人物性格，产生这种诗性人物性格的需要在于当时人按本性还不能把事物的具体形状和属性从事物本身抽象出来。因此诗性人物性格必然是按当时全民族的思维方式〔即形象思维。——译注〕创造出来的，这种民族在极端野蛮时期自然就有运用这种思维方式的必要〔209〕。神话故事都有一种永恒特征，就是经常要放大个别具体事物的印象。关于这一点，亚里士多德在《修辞学》〔2．15．139b 1—10〕里就说过，心眼儿窄狭的人爱把一种特殊事例提高成一种模范。其缘由必然是人的心智还不明确，受到强烈感觉的压缩作用，除非在想象中把个别具体事物加以放大，就无法表达人类心智的神圣本性。也许就是由于这个缘故，在希腊诗人和拉丁诗人的作品里神和人的形象都比一般人的形象较大。到了复归的野蛮时期，特别是上帝、耶稣和圣母的画像都特别高大，也是由于上述缘故。

VII：817　野蛮人既缺乏反思能力，反思能力用不好，就会成为谬误之母。最初的英雄时代的拉丁诗人们都歌唱真实的历史故事，即关于罗马人的战争的故事。到了复归的野蛮时期，由于这种野蛮的本性，一些拉丁诗人例如耿特（Gunther）和阿普里亚（Apulia）的威廉等人都还只歌唱历史故事〔471〕，同时期罗曼斯（或传奇故事）的作者们也都自以为在写真实的历史故事。就连薄雅多（Boiardo）和阿里奥斯陀（Ariosto）虽出现在受哲学教养的时代，也都还取材于巴黎主教杜尔邦（Turpin）所著的历史书中〔159〕，由于处于同样野蛮时代的本性，他们也都还缺乏反思的能力，不会虚构杜撰（因此，他们的作品自然真实、开朗、忠实、宽宏）〔516，708〕。就连但丁尽管有博大精深的玄奥哲学，也还是用真人真事来塞满《神曲》的各种场面〔786〕，因此把他的史诗命名为喜剧（即"曲"，comedy），因为希腊人的旧喜剧也描绘真人〔808〕。在这一点上但丁还是像《伊利亚特》中的荷马，朗吉弩斯曾指出过《伊利亚特》全是戏剧性的或再现性的，至于《奥德赛》则完全是叙述性的。再如彼特拉克（Petrarca）尽管是一位渊博的学者，仍然用拉丁语歌唱第二次迦太基战争，至于他的《凯旋》是用塔斯康语写的，虽具有英雄诗的色彩，却只是一部历史故事辑录。从这里可以看出最初的神话故事都是历史这一事实的最鲜明的证据。因为讽刺诗所讽刺的人物不仅是真实的而且还是人所熟知的；悲剧则取诗性人物性格放到情节里；旧喜剧把还活着的著名人物放进情节里，新喜剧则由于出现在反思能力最活跃的时代，终于创造出一些虚构的人物性格（正如在意大利语言中新喜剧是随着学问渊博的十五世纪而重新出现的）。无论希腊人还是拉丁人都没有用过完全虚构的人物性格作悲剧的主角。群众趣味也有力地证实了这种分别。群众趣味不肯接受写悲剧情节的乐剧，除非所用的悲剧性情节来自历史。但群众趣味会容忍喜剧中的虚构情节，因为采用的不是人所共知的私人生活，群众就较易信以为真。

VIII：818　既然诗性人物性格具有上述性质，涉及他们的诗性寓言故事就必然要到希腊最早期才有历史意义，如我们在上文《诗性智慧》部分一直在说明的〔403〕。

IX：819　根据上文第一条哲学证据〔811〕，这类历史故事必然是在各民族中各社团的记忆中自然保存住的；因为作为民族的婴儿，他们必然具有惊人的坚强记忆力〔211〕，而这也不是未经天意安排的，因为根据约瑟夫斯反对阿庇安时所提的论据〔66〕，直到荷马时代甚至更晚的时代尚未发明出共同的字母。在人类还那样贫穷的时代情况下，各族人民几乎只有肉体而没有反思能力〔375〕，在看到个别具体事物时必然浑身都是生动的感觉，用强烈的想象力去领会和放大那些事物，用尖锐的巧智（wit）把它们归到想象性的类概念中去，用坚强的记忆力把它们保存住。这几种功能固然也属于心灵，不过都植根于肉体，从肉体中吸取力量。因此，记忆和想象是一回事，所以想象在拉丁文中就叫做 memorial（记忆）。（例如在特棱斯的喜剧《安竺罗斯夫人》里我们就看到"可记忆的"（memorable）是作为"可想象的"意思来用的；我们还常见到 comminesci 这个词用作"虚构"的意思，所以一个虚构的故事就叫做 comprentum，想象也有"机灵"或"创造发明"的意思。）在复兴的野蛮时期，一个机灵人也叫做 fantasti（擅长想象的）人，例如芮恩佐（Cola di Rienzo），当时传记家就这样称呼他〔699〕。因此，记忆有三个不同的作用，当记住事物时就是记忆，当改变或摹仿时就是想象，当把诸事物的关系作出较妥帖的安排时就是发明或创造。由于这些理由，神学诗人们把掌记忆的女神称各种女诗神（muses）的母亲〔这里所说的想象 imagination 或 fantasie 就是我们近来争论的"形象思维"，维柯认为在人类心理功能发展中形象思维先于抽象思维。——译注〕。

X：820　所以诗人们必然是各民族的最初的历史家〔464—471〕。所以卡斯特尔维特罗没能运用他的历史必先于诗的箴言去寻找诗的真正根源〔812〕，因为他和所有其他讨论过这个问题的人们（从柏拉图和亚里士多德）本应很容易看出：凡是异教的历史都起源于神话故事，如我们在公理〔202〕中所提出的，在《诗性智慧》部分所证明的。

XI：821　按照诗人的本性，任何人都不可能同时既是高明的诗人，又是高明的玄学家，因为玄学要把心智从各种感官方面抽开，而诗的功能却把整个心灵沉浸到感官里去；玄学飞向共相，而诗的功能却要深深地沉浸到殊相里去〔共相是抽象共同的属性，殊相是个别具体事物的形象，维柯所说的"玄学"就是哲学。——译注〕。

XII：822　根据公理〔213〕，任何人如果没有自然资禀都可以凭勤奋在其他各种行业中获得成功，但是在诗方面，任何人如果没有自然资禀，就不可能单凭勤奋去获得成功；诗和批评这两门艺术〔指诗学和批评理论。——译注〕可以使心灵得到教养，但不能使心灵伟大。因为精细只是一种小品德，而伟大却自然地鄙视一切微小事物。说实在话，这正如滚滚洪流在它的汹涌进程中泥沙俱下一样，使一些大石头和树干随流翻转。荷马的诗篇正是如此，他的伟大就说明了我们在他的诗篇中之所以往往遇到一些粗俗的表达方式。

XIII：823　但是这并不妨碍荷马成为一切崇高诗人的父亲和国王。

XIV：824　我们已看到亚里士多德认为没有人能比得上荷马那样会把谎说得圆；贺拉斯称赞荷马的人物性格没有人能摹仿，这两人的意思正相同。

XV：825　荷马在他的诗的语句里像星空那样崇高。诗的语句必须是真实热情的表现，或者说，凭一种烈火似的想象力，使我们真正受到感动，所以在受感动者心中必须是个性化的。因此，我们把一般化的生活格言称为哲学家们的语句〔维柯所用的"语句"（sentence）不单指语言，兼有"判断"的意义。——译注〕；凡是对热情本身进行反思的作品只能是出于既虚伪而又枯燥的诗人之手〔703f〕。

XVI：826　荷马史诗中取自野蛮事物的一些比喻确实是无比高明的〔785〕。

XVII：827　荷马所描绘的那些战争和死亡令人恐怖，就是使《伊利亚特》具有它的全部神奇性。

XVIII：828　但是上述那些语句、譬喻和描绘不可能是一个冷静的、有修养的、温和的哲学家的自然产品。

XIX：829　因为荷马所写的英雄们在心情轻浮上像儿童，在想象力强烈上像妇女，在烈火般的愤怒上像莽撞的青年，所以一个哲学家不可能自然轻易地把他们构思出来〔786〕。

XX：830　有些欠妥帖和不文雅的表达方式是由于希腊语文正在形成时期极端贫乏，用它来表达须费大力，就不免显得笨拙。

XXI：831　谁使荷马的诗篇含有玄奥智慧的最崇高的秘密教义（这是我们在《诗性智慧》中已证明绝对不确实的），这些秘密教义的表达方式，也不可能由一个哲学家的直截了当、按部就班的谨严的心灵所能构思出来的〔384〕。

XXII：832　英雄时代的语言是一种由显喻、意象和譬喻来组成的语言〔456〕，这些成分的产生是由于当时缺乏对事物加以明确肯定所必须的种和类的概念，所以还是全民族的共同性的一种必然结果。

XXIII：833　各原始民族用英雄诗律来说话，这也是自然本性的必然结果〔463ff〕。这里我们也应赞赏天意安排，在共同的书写文字还未发明以前，就安排好各民族人民用诗律来说话，使他们的记忆借音步和节奏的帮助能较容易地把他们的家族和城市的历史保存下来。

XXIV：834　这些神话故事、语句、习俗以及这种语言和诗都叫做"英雄的"，都流行于历史所划定的英雄时代，如《诗性智慧》部分所已详细说明的〔634ff〕〔注意！维柯的"英雄"专指原始民族中强人或贵族，与一般人所了解的"英雄"不同，维柯依埃及传统把历史分为神、英雄和人的三个时代，属于英雄时代的人就叫英雄，涉及英雄时代的制度、习俗乃至文艺、语言和斗争都叫做"英雄的"。所以在《新科学》里"英雄的"这个形容词一般就等于"野蛮的"或"野蛮时代的"。——译注〕。

XXV：835　所以上文所说的都是全体人民的一些特征，也是其中每个人都共有的特征。

XXVI：836　由于上述各种特征都来自本性，就是这些特征使荷马成为最伟大的诗人，所以我们否定了荷马是哲学家这种看法。

XXVII：837　此外，我们在上文《诗性智慧》部分也已证明过：凡是所谓玄秘智慧的意义都是后来哲学家们强加于荷马的神话故事里去的〔515，720f〕。

XXVIII：838 但是正因为玄秘智慧只属于少数个人，所以我们刚才看到：英雄的神话故事精华所在的英雄的诗性人物性格的那种合身合式（decorum）决不是今天擅长哲学、诗学和批评技艺的学者们所能达到的。就是根据这种合身合式，亚里士多德和贺拉斯才都把锦标交给荷马，前者称赞荷马把谎说得圆，他人无法和他相比，后者称赞荷马的人物性格是旁人摹仿不到的，这两种说法其实是一致的〔809〕。

〔第六章〕 发现真正荷马的一些语言学的证据

839 上述大量哲学证据都是从对异教诸民族的创建人进行玄学批判得来的。我们应把荷马摆在这些民族创建人之列，因为我们确实找不到其中哪一个世俗作家比荷马还更古老（如犹太人约瑟夫斯所坚持的）〔438〕。我们还可以加上下列一些语言学的证据：

I：840 一切古代世俗历史都起源于神话故事〔202〕。

II：841 和世界一切其他民族都隔绝的一些野蛮民族，例如日耳曼人和美洲印第安人，都已被发现把他们的历史保存在诗篇里〔470〕〔中国的《诗经》和《楚辞》也可以为证。——译注〕。

III：842 开始写罗马史的就是这些人〔471，871〕。

IV：843　在复归的野蛮时期，历史都是用拉丁文写作的诗人们写的。

V：844　埃及的高级司祭曼涅陀（Manetho）把用象形文字写的古代埃及史解释为一种崇高的自然神学〔222〕。

VI：845　我们在《诗性智慧》部分已说明了希腊哲学家们也曾对在神话故事中叙述的古代希腊史进行了类似的解释〔361f〕。

VII：846　因此，在上文《诗性智慧》部分〔384，403〕，我们不得不把曼涅陀的程序倒转过来，删去了那些神秘的解释，把神话故事还原到它们本来的历史意义；这样做虽自然但又不容易，不带任何强词夺理、遁词或歪曲。我们能这样做，就说明了那些作品里所包含的历史神话故事是符合当时历史特性的。

VIII：847　以上一切都有力地证明了斯特拉博（Strabo）所肯定的一番话〔1．2．6〕，他说在希罗多德以前，希腊各族人民的历史都是由他们的诗人们写的。

IX：848　我们在第二卷里还说明了无论在古代还是在近代，各民族中最初的作家们都是些诗人〔464—471〕。

X：849　《奥德赛》里有两段名言〔11．367ff〕，在赞美一位说书人把故事说得好时，说他讲故事就像一位音乐家或歌唱家。用荷马史诗来说书的人正是如此，他们都是些村俗汉，每人凭记忆保存了荷马史诗中某一部分。

XI：850　根据犹太人约瑟夫斯反对语法学家阿庇安

时所坚持的意见，荷马不曾用文字写下任何一篇诗〔66〕。

XII：851　说书人周游希腊各城市，在集市或宴会上歌唱荷马史诗，这个人歌唱这一段，另一个人歌唱另一段。

XIII：852　Rhapsodes（说书人）这个词的字源是由两个词合成的，意思是把一些歌编织在一起，而这些歌是从他们本族人民中搜集来的。与此类似的普通词 homeros 据说也是由 homou（在一起）和 lirein（联系）合成的；这样就指一个保证人，把债主和债户联系在一起。这种派生过程（应用在一个保证人身上）就有些牵强附会，而应用在荷马身上作为神话故事的编织者，却是很自然的顺当的〔Homeros 在希腊文里就是荷马。——译注〕。

XIV：853　庇西斯特拉图王朝雅典暴君们自己或是让旁人把荷马的诗篇加以划分和编排，成为两部（《伊利亚特》和《奥德赛》）。所以我们可以想到此前荷马的诗篇原是一堆混乱的材料，我们现在还看得出这两部史诗在风格上大不相同。

XV：854　庇西斯特拉图王朝还下令，从此以后荷马史诗应由说书人在雅典全国性的宴会或庆祝会上歌唱，据西塞罗的《论神性》（实即《论演说家》〔3. 34. 137〕）和柏拉图的对话录《希巴球斯》〔228B〕等著作。

XVI：855　但是庇西斯特拉图王朝被放逐出雅典，只比塔昆尼阿斯王朝被放逐出罗马稍早几年，所以我们如果假定荷马生在努玛国王那样晚的时期〔803〕，而在庇西斯特拉图王朝以后一定还过一段很长时间才让说书人继续把荷马的诗篇保存在记忆里，这个传说就使另一个传说毫不可靠。据另一传说，在庇西斯特拉图王朝时代是由亚理斯塔球斯把荷马的诗篇加以清洗、划分和编排的。这个传说不可靠，因为这种工作没有书写用的通俗文字就不成，而且如果做成了，此后就不再需要说书人凭记忆来歌唱各章各节了。

XVII：856　根据这个理由，曾用文字写书出作品的赫西俄德就应在庇西斯特拉图王朝之后，因为没有证据使我们相信赫西俄德像荷马一样是由说书人凭记忆把他的作品保存下来的，可是编年纪事史家们却白费力地把赫西俄德摆在荷马之前三十年。可是像荷马的说书人那样的"圈子诗人"竟能把全部希腊神话史从诸天神的起源到尤利西斯回到故乡伊特卡，都保存下来了，这些"圈子诗人"的名称是从 kyklos（圆圈）这个词来的，他们不过是些平常人在宴会上或庆祝会上向围成一个圈子的老百姓歌唱神话故事。这种"圈子"正是贺拉斯在《论诗艺》〔132〕里所说的"卑贱"的大圈子……〔这里没有译出一长段繁琐考证。——译注〕。赫西俄德有可能比荷马还早，因为他的作品包括了全部关于诸天神的神话故事〔他是《神谱》的作者，他对世界的起源和诸天神的世系的叙述和荷马所叙述的也有些不同。——译注〕。

XVIII：857　因此，希波克拉特也可以说有类似情况。

他留下了许多大著作，不是用诗而是用散文写的，因些它们自然不可能凭记忆保存下来的，因此他应摆在大约与希罗多德同时。

XIX：858　从这一切来看，浮斯（Voss）显然过于相信希罗多德所报道的〔5. 59ff〕三种纪念章上的铭文，并且认为自己可以根据这些铭文来驳倒约瑟夫斯。因为那三种纪念章即（一）安菲特理安（Amphitlyon），（二）希泡孔（Hippocoön）和（三）拉奥麦敦（Laomedon）都像今天商人伪造假古董一样是些伪造品。支持约瑟夫斯反对浮斯的有马丁·秀克（Martin Schoock）。

XX：859　我们还可以补充一点：荷马从来没有提到过俗写的希腊字母，他说普罗图斯写给攸拉亚去陷害伯列罗芬的信是用 sēmata（符号）写的〔433〕。

XXI：860　尽管亚理斯塔球斯修改过荷马的诗篇，里面还保存着各种各样的土语和措词不妥语，这必然是希腊各族的不同的习惯的表达方式。此外，音节上也往往有破格处。

XXII：861　荷马的故乡在哪里是无人知道的（788ff）。

XXIII：862　几乎所有的希腊城市都说自己是荷马的故乡。

XXIV：863　我们在上文已提出了一些有力的揣测：《奥德赛》的作者荷马来自希腊西部的偏南，而《伊利亚特》的作者荷马却来自希腊东部偏北。

XXV：864　就连荷马的年代也是无从知道的〔792ff〕。

XXVI：865　关于年代这一点，意见既多而又纷纭，分歧竟达到 460 年之长，极端的估量最早到和特洛伊战争同时，最迟到和努玛〔罗马第二代国王。——译注〕同时〔803〕。

XXVII：866　因为不应忽视荷马的两部史诗在风格上悬殊很大，朗吉弩斯说，荷马在少年时代编出《伊利亚特》而到晚年时代才编出《奥德赛》〔803〕，这倒是一件怪事，对一个人生在何时何地毫不知道，而历史在这两点上在叙述希腊的一颗最光辉的明星时却把我们闷在鼓里。

XXVIII：867　这种考虑理应打消我们对希罗多德或任何其他人所写的《荷马传记》的信任，其中叙述了那么多的次要细节，竟塞满了一整部书。对普鲁塔克的《荷马传》也应如此看待，由于他是一个哲学家，谈荷马时较为清醒〔780〕。

XXIX：868　不过朗吉弩斯的揣测也许是根据这样一个事实：荷马在《伊利亚特》里描绘的阿喀琉斯的狂怒和骄横都是青年人的特征，而在《奥德赛》里则叙述尤利西斯的诡诈和谋略，都是老年人的特征。

XXX：869　据传说，荷马是个盲人，因此他才叫做荷马，Homeros 在伊阿尼亚土语里意思就是"盲人"。

XXXI：870　荷马自己曾称在贵人筵席上歌唱的诗人为盲人，例如在阿尔岂弩斯招待尤利西斯的筵席上歌唱的〔《奥德赛》8. 64〕以及在求婚者欢宴中歌唱的〔《奥德赛》

1. 153ff〕都是盲人。

XXXII：871 盲人一般有惊人的持久的记忆力，这是人类本性的一种特征。

XXXIII：872 最后，（据传说）荷马很穷，在希腊各地市场上流浪，歌唱自己的诗篇〔按我国过去说书人和算命先生以及巫妓也大半既穷而又盲，浪游集市卖技，也可作为旁证。——译注〕。

第二部分　发现真正的荷马

〔导言〕

873 关于荷马和他的诗篇，由于我们凭推理所得出的或是由旁人叙述过的以上一切事实，都不是我们事先就着意要达到这样的结果的——说实在话，我们原先并没有想到：本书第一版（用的并不是和本版一样的方法研究出来的）的某些读者，都是些思想锐敏和学问高超的学者们，就曾疑心到前人们一直在置信的那个荷马并不是真实的。这一切情况现在迫使我们要肯定：不仅是荷马，就连特洛伊战争的经过也不是真实的。现在就是审慎的批评家们也都认为：尽管特洛伊战争标志着历史上一个著名的时代，而实际上它在世界上并不曾发生过。就特洛伊战争来说，假如荷马不曾在诗篇里留下一些重大的遗迹，有许多重大难题就应迫使我们下结论说：荷马纯粹是一位仅存于理想中的诗人，并不曾作为具体的个人在自然界存在过。但是一方面有许多重大难题，而另一方面又有传下来的诗篇，都似应迫使我们采取一种中间立场：单就希腊人民在诗歌中叙述的历史来说，荷马是希腊人民中的一个理想或英雄人物性格。

〔第一章〕 前此置信的那个荷马所表现的许多不恰当和不可能的事情在本书所发现到的那个荷马身上就成既是恰当的，又是必然的。

874 从这种发现来看，前此所置信的那个荷马在他的叙述里一切不恰当的和不可能的事物和语言在现在发现的那个荷马里就都变成恰当的和必然的了。首先，我们原先还得将信将疑的那些重大事物迫使我们要说下列各点：

Ⅰ：875 为什么希腊各族人民都争着要取得荷马故乡的荣誉呢？理由就在于希腊各族人民自己就是荷马〔788ff，861f〕。

Ⅱ：876 为什么荷马的年代有那么多的意见分歧呢？理由就在于特洛伊战争从开始一直到努玛时代有四百六十年之久，我们的荷马确实都活在各族人民的口头上和记忆里〔803〕。

III : 877　他的盲目〔869ff〕。

IV : 878　他的贫穷〔872〕，都是一般说书人或唱诗人的特征。他们都盲目，所以都叫做荷马（homeros 这个词义就是盲人）。他们有特别持久的记忆力。由于贫穷，他们要流浪在希腊全境各城市里歌唱荷马的诗篇来糊口。他们就是这些诗篇的作者，因为他们就是这些人民中用诗编制历史故事的那一部分人。

V : 879　由此可见，荷马作出《伊利亚特》是在少年时代，当时希腊还年轻，因而胸中沸腾着崇高的热情，例如骄傲、狂怒、报仇雪恨，这类热情不容许弄虚作伪而爱好宏大气派。因此，这样的希腊喜爱阿喀琉斯那样的狂暴的英雄。但是他写《奥德赛》是在暮年，当时希腊的血气仿佛已为反思所冷却，而反思是审慎之母。因此这样老成的希腊爱慕尤利西斯那样以智慧擅长的英雄。由此可见，在荷马的少年时期，希腊人崇尚粗鲁、邪恶、狂暴、野蛮和残酷，到了荷马的暮年时期，希腊人就喜欢阿尔岂弩斯老国王的奢侈品，卡吕普索的那些欢乐，赛壬女妖们的歌声，求婚者们的那些吃喝玩乐和对珀涅罗珀王后贞操的围攻和侵犯。像以上这两类习俗和习性竟曾被人认为同时存在，而在我们看来，二者是互不相容的〔803f，866〕。这个难点曾足以使神明的柏拉图〔780〕宣称荷马原是凭预见到这些令人作呕的病态的邪淫的习俗风尚终于会到来，他想借此来解决上述难点，可是他只是把荷马弄成希腊文明政体的一个愚笨的创建人〔《理想国》606E〕，因为尽管他谴责这种腐败颓废的习俗风尚，却也同时教导了这种习俗风尚终于要到来，这就会加速人类制度的自然进程，使希腊人更快地走向腐化。

VI：880　我们这样就说明了《伊利亚特》的作者荷马比《奥德赛》的作者荷马早许多世纪。

VII：881　我们还说明了歌唱在他本国发生的特洛伊战争的那位荷马来自希腊的东北部，而歌唱尤利西斯的那位荷马却来自希腊的西南部，尤利西斯统治的王国就坐落在希腊的西南部〔789〕。

VIII：882　这样，迷失在希腊人民群众中的荷马被批评家们横加给他的种种指责，特别是以下各点的指责，就可以得到昭雪了：

IX：883　他的卑劣语句，

X：884　他的村俗习俗，

XI：885　他的粗疏譬喻，

XII：886　他的地方俗语，

XIII：887　他的音节失调，

XIV：888　他的土语前后不一致，

XV：889　他把神看成人，把人看成神。

890　关于这最后提到的神话故事，朗吉弩斯本人并不置信，除非有些哲学性的神话故事可以论证〔《论崇高》9.7〕，这就等于承认当时把这类神话歌唱给希腊人听时，听起来就不能使荷马获得希腊文明体制创建者的荣誉〔899〕，这个不利于荷马的难点也就是我们在上文提出过的不利于把奥辅斯当作希腊人道创建者的那个难点〔79—81〕。但是上述那些特征，特别是其中最后的一个，本来都是希腊各族人民所共有的，因为在创建时期希腊人本身就是虔诚信宗教的、贞洁的、强壮的、真正的、宽宏大量的〔516〕；他们就认为神也有这些品德，如我们在上文讨论自然神谱时所已证明的；后来随着岁月的推移，上述神话故事就渐渐暗淡起来了，老习俗也衰败了。希腊人于是凭他们自己的性格来判定他们的神也和他们自己一样放辟邪侈了，如我们在上文《诗性智慧》部分已详论的，这是由于〔220〕那条公理：人们自然地强使一些暧昧不明确的法律屈就人们自己的情欲和利益。因为人们害怕神在习俗上如果和人不同，神对人的愿望就会不利〔221〕〔注意：维柯在费尔巴哈之前就已提出神是按自己的本性创造出来的这一重要学识。维柯实际上是无神论者，他不敢触犯天主教的忌讳，特地标明他所说的只限于异教民族，不包括希伯来人在内，仿佛希伯来人的《旧约》中神创造世界说还是实话。——译注〕。

XVI：891 但是因此荷马就更有权利具有两大特优点（其实还是一个特优点），即亚里士多德所称赞的诗性谎言（把谎说得圆），和贺拉斯所称赞的擅长于创造英雄人物性格〔809〕，贺拉斯因此承认自己不是诗人，因为他缺乏才

能和巧智去把握住他所称的 colores operum（作品的色彩）
〔《论诗艺》86〕。这其实也就是亚里士多德所说的"诗性谎言"，因为罗马喜剧家普罗塔斯（Plautus）在他的剧本《吹牛的战士》里就把 obtineie colores（把握色彩）用作"把谎说得完全像是真的"这个意义。一个好的神话故事本来就应如此。

892　此外，还有些诗学专家称赞过荷马具有许多其他特点，例如：

XVII：893　他的粗俗野蛮的譬喻〔785，826〕，

XVIII：894　他把战争和死亡描绘得残酷可怕〔827〕，

XIX：895　他的充满崇高热情的语句〔825〕，

XX：896　他的富于表现力的堂皇典丽的风格。

这一切优点都是希腊人英雄时代的特征，荷马在这种英雄时代始终都是一位高明无比的诗人，正因为生在记忆力特强、想象力奔放而创造力高明的时代，荷马决不是一个哲学家〔781—787〕。

XXI：897　因此，后来的一切哲学、诗学和批评学的知识都不能创出一个可步荷马后尘的诗人。

898　还不仅此，荷马配得起以下三种对他的赞词：

XXII：899　一、他是希腊政治体制或文化的创建人〔783，879，890〕；

XXIII：900　二、他是一切其他诗人的祖宗；

XXIV：901　三、他是一切流派的希腊哲学的源泉

〔779〕。

这三种赞词没有哪一种可以献给前此人们所置信的那个荷马。第一种赞词不相称，因为从杜卡良和庇拉时代算起〔523〕，荷马出现在我们已在《诗性智慧》部分说明的正式婚姻制度奠定希腊文明社会〔维柯把宗教、正式婚姻和埋葬死人看作各族人民文化的三大起源。——译注〕之后的八百年。第二种赞词不相称，因为在那个荷马时代之前，神学诗人们就已很繁荣，例如奥辅斯、安菲翁、李纳斯等人，编年纪事史家们把赫西俄德摆得比荷马还早三十年，西塞罗在他的《布鲁塔斯传》〔18. 71〕里也肯定了有些英雄诗人比荷马还早，攸色布斯在他的《为福音准备》一书〔10. 11. 495bc〕里还举过一些名字，例如斐拉蒙、塔茂理斯等等。最后，第三种赞词也不相称，因为哲学家们并不是从荷马神话故事里发现到他们的哲学，而是把他们的哲学硬塞进荷马神话故事里去的，如我们在《诗性智慧》部分已详谈过的。事实是诗性智慧本身用神话故事向哲学家们提供机缘去思索高明的真理，如我们在本书第二卷为实现卷首的谎言时就已说明过〔361ff, 779〕。

〔第二章〕　从荷马史诗里发现到希腊部落自然法的两大宝库

902　但是最重要的还是凭我们的发现，我们还可以把另一种最光辉的荣誉归给荷马：

XXV：903 荷马是流传到现在的整个异教世界的最早的历史家。

XXVI：904 因此，他的两部史诗此后应作为古希腊习俗两大宝库而受到高度珍视。但是，荷马史诗却遭到十二铜版法〔罗马法的最初根源，条文是刻在十二块铜版或铜碑上的。——译注〕所遭到的同样命运。正如十二铜版法曾被人认为是由梭伦为雅典人制定的法律而后来由罗马接受过去的，从此就把拉丁部落自然法的历史一直掩藏住不让我们知道，荷马史诗也被人认为由某一个人，一位罕见的高度完美的诗人，所抛出来的作品，前此也一直把希腊部落自然法的历史掩藏住不让我们知道一样〔部落自然法是由部落习俗自然形成的，例如十二铜版法。——译注〕。

〔附编〕 戏剧诗和抒情诗作者的理性历史

905 上文已说明过，荷马以前已有三个诗人时代〔808〕。首先是神学诗人的时代，神学诗人自己就是这些英雄，歌唱着真实而严峻的神话故事；其次是英雄诗人的时代，英雄诗人把这些神话故事窜改和歪曲了〔901〕；第三才是荷马时代，荷马接受了这样经过窜改和歪曲的神话故事。现在对远古历史运用玄学批判的方法，即对最初各民族自然形成的一些观念进行解释，也可以用来说明和分辨戏剧诗人和抒情诗人的历史，而过去哲学家所写的这方面历史都很暧昧而混乱。

906　这些哲学家把安菲翁这位英雄时代最古的诗人〔据说安菲翁（Amphion）曾攻占忒拜，弹起交通神授给他的竖琴，许多大石头就自动地移动起来，砌成了忒拜的城墙。——译注〕列入抒情诗人一类，说他发明了酒神赞歌和有关的合唱，还说他引进了用诗来歌唱的林神（Satyrs），而酒神歌就是一个合唱队载歌载舞地赞颂酒神的。他们还说有些值得注意的悲剧诗人在抒情诗人时代还很繁荣；而第阿根尼斯、提尔提斯还说〔3. 56〕，在悲剧里，合唱队是唯一的演员，而最早的悲剧诗人是埃斯库罗斯。据泡沙尼斯的叙述〔1. 21. 2〕，命令埃斯库罗斯写悲剧的是酒神巴库斯，而贺拉斯在《论诗艺》里有一段却说〔275ff〕，悲剧的创始人是特斯庇斯（Thespis）。贺拉斯在这里是从林神剧（Satyr）开始来讨论悲剧，说特斯庇斯首先用林神剧在收葡萄造酒季节在板车上表演；他们还说，后来出现了索福克勒斯，巴勒门（Paloemon）把他称为悲剧诗人中的荷马。这一轮悲剧诗人以欧里庇德斯为殿军，亚里士多德把他称为悲剧诗人中悲剧性最强的一位〔《诗学》13. 10. 1453a 29〕，他们说，在同一时期出现了阿里斯托芬。他发明了老喜剧，为新喜剧开辟了道路（即后来麦南得〔Menander〕所走的道路）。他的喜剧《云》造成了苏格拉底的身败名裂〔808，911〕，后来有些人把希波克拉特（Hippocrates）摆在悲剧诗人时代，另一些人把他摆在抒情诗人时代。但是索福克勒斯和欧里庇德斯都略早于十二铜版法的时代，而抒情诗人们则在其后才出现。这个事实似要推翻把希波克拉特摆在希腊七哲人时代的那种时历表了。

907　为解决这一困难，我们必须说，有两种悲剧诗人，也有两种喜剧诗人。

908　古代抒情诗人们理应首先是颂神歌的作者们，例如其中有些据说是荷马用英雄体诗作的那类颂神歌，后来就应是另一类抒情诗人，用像阿喀琉斯弹竖琴来歌唱过去英雄们的那样抒情的调事〔《伊利亚特》9.186ff〕。与此类似，在拉丁人中最早的诗人是用萨利（Salien）诗律的那些作者。这种诗是由叫做萨利阿（Sallió）的司祭们在祭神节目所歌唱的颂神歌。Sallió 的原义是"跳"或"踊跃"，正如最初的希腊合唱队在一个圆圈里"踊跃"〔也正如我国少数民族"跳月""扭秧歌"之类的歌舞。——译注〕。这类颂神歌的断简残篇是古拉丁语传到现在的一些最古的遗迹〔我们的《诗经》和少数民族的歌谣也可以从这种语言学观点来看。——译注〕，它们都有一种英雄诗的情调〔438，469〕。这一切都符合各民族人道起源时的情况。各民族在最初时期，即宗教时期，理应首先只向天神献颂歌（正如在复归的野蛮时期，这种宗教习俗也复归了。当时司祭们是唯一的识字人，只作出宗教性的颂神歌）。到了后来的英雄时期，他们就理应只敬重和庆祝英雄们的丰功伟绩，如阿喀琉斯所歌唱的，上文提到的安菲翁现应属于这类宗教性的抒情诗人〔906〕，他也是林神剧即最初的简陋的悲剧的起源，是用英雄诗律（希腊人最早用来歌唱的一种诗律）〔463〕，所以安菲翁的酒神歌就是最早的林神剧，而贺拉斯讨论悲剧就从林神剧开始〔《论诗艺》220ff〕。

909　新抒情诗人们是些甜美的诗人，其中最高首领是品达（Pindar）。他所用的诗律是意大利人称呼的 arie pur musica，即用来配乐的曲调，这种诗律的出现应早于爱慕奥林匹克运动会上所表现的那种希腊式壮丽英勇气派的时期。抒情诗人们就在奥林匹克运动会上歌唱。与此类似，贺拉斯也出现在罗马最讲究阔绰排场时期，即奥古斯都大帝时期，而在意大利人中间甜美的抒情诗也出现在温柔和婉风尚盛行的时期。

910　悲剧和喜剧诗人们是在下列两种年代极限之内走完了他们的过程的，特斯匹斯在希腊的一部分，而安菲翁在希腊的另一部分，在收葡萄造酒季节创造了林神歌或林神剧这种雏形悲剧，用林神为角色。在当时简陋情况之下，他们理应首创出原始的面具或伪装，用随手带的山羊皮来掩盖脚和大小腿，用酒糟来涂抹胸部和面部，在前额上安上角（或许因此今天收葡萄造酒的人还叫做"头上长角的人"cornuti），在这个意义上埃斯库罗斯受酒神之命写悲剧的传说也许是真实的。这一切都符合当时情况，当时英雄们都声称平民们是半人半山羊的人兽两性混合的怪物〔566f，906〕。从此可见，有充足的根据来揣测悲剧起源于这种林神剧的合唱队，悲剧这个名称来自上文所描绘的面具，而不是来自用山羊来酬劳这种诗竞赛中的锦标手（贺拉斯在《论诗艺》〔220ff〕里看到后一种可能，却没有看出它的意义，只说山羊微不足道。）〔希腊文的"悲剧"意思是"山羊歌"，因此对悲剧的起源有种种揣测。——译注〕。林神剧保存了它起源时的永恒特性：即表示讽刺的特性。因为用这种粗糙面具化装而坐在载葡萄的板车上的农民们都享有特权，可以讽刺在他们上面的贵人们，就像至今意大利、快活的意大利坎帕尼亚（一度被称为酒神的故乡）收葡萄造酒的农民们还享有这种讽刺特权一样。由此可见，学者们后来把潘恩（pan 意指"泛""凡是"或"一切"）的神话故事塞进来所增补的东西多么不真实（因为 pan 的字义是"一切"），哲学家们就伪造出神话来，说 pan 就是指宇宙，而露毛的下身指地，涂红的胸部和面部指火，头上两个角指日月〔688〕，罗马人却用了 satyra 这个词替代保存住关于 pan 的历史性神话，因为 satyra 这个词，据菲斯塔斯〔Festus，公元 2 世纪罗马辞典学家。——译注〕的解释，是指"拼盘菜"，因此后来的 Lex per Satyram 就指"法律总汇"。据贺拉斯〔《论诗艺》225ff〕林神剧里各种类型的人物性格，例如神、英雄、国王、工匠和奴隶们都会出现，但是在罗马人中还保存着的林神剧中并不用各种不同的题材，每篇诗只专写一种独立的情节。

911　接着埃斯库罗斯就造成了由旧悲剧，即林神剧，到中期悲剧的过渡，办法是用人类面具，把安菲翁的原来由林神合唱队演出的林神剧改为由一群人的合唱队演出，而中期悲剧理应是旧喜剧的来源，其中描绘一些大人物，所以合唱队是适合的。后来索福克勒斯和欧里庇德斯相继出现，替我们留下悲剧的最后形式。旧喜剧在阿里斯托芬手里告终，因为它使苏格拉底获得了坏名声。接着麦南得给我们留下了新喜剧，角色都是私方的虚构的人物，因为人物是些私人，所以可信以为真〔806，808，906〕，此后就用不着合唱队了，因为合唱队是些群众在评论剧情，所以评论的只是些公众问题。

912　照这样看来，林神剧是用英雄诗律作的，像拉丁人后来保存下来的那种英雄诗律，因为最初的各民族都用英雄诗律来说话，所以悲剧用英雄诗律来作，是很自然的〔英雄诗律即史诗的诗律，一般是五音步的抑扬格，要点是先抑后扬。——译注〕，后来喜剧只是空洞地"率由旧章"用诗律，当时希腊各族人民已在用散文方式说话了。抑扬格用在悲剧里确实很适合，因为这种诗律是由发泄愤怒产生的，它的运动是贺拉斯所称呼的"快音步"〔233〕，按民间传说，这种快音步是由阿基罗库斯创造出来，向不肯把女儿嫁给他的来侃伯斯发泄愤怒的，据说这种辛辣激烈的诗律使听到的父女两人都在绝望中上吊自杀了。这种神话故事必然反映了英雄们和平民们在新式结婚权的斗争中的一段历史，在这场斗争中造反的平民一定把贵族们连同他们的女儿一起吊死〔598〕。〔维柯在《新科学》里始终突出贵族与平民的斗争以及平民的最后胜利，争取正式结婚权是斗争的起点。——译注〕

913 诗艺中的奇异可怕性就是这样产生的，凭这种奇特性，上述那种暴烈激昂的快速的诗律就适合悲剧那种宏伟诗篇，柏拉图在《理想国》〔394C?〕里把这种悲剧看得比史诗还高，这种快速音步很适合于诙谐、游戏和多愁善感的爱情，这就形成喜剧的全部的秀美和魔力。

914 由于"抒情的"和"悲剧的"这两词的随便乱用，人们便把希波克拉特摆在希腊的七哲人时代；但是他本应摆在希罗多德时代（因为他自己的生平就有一种神话故事的色彩，而希罗多德所写的"历史"是大部分用这神话故事的方式来叙述的），可是当时不仅散文已出现，而且书写用的通俗文字也已出现，希罗多德就用了散文来写他的"历史"，而希波克拉特也用散文写出了许多传下来的医学巨著〔857，906〕。

附篇二　维柯《新科学》的结论篇

论由天神意旨安排的每种政体都是一种最好的永
恒的自然政体　　　　　　　　　　〔342，629ff〕

　　1097　让我们现在就用柏拉图来结束本书，柏拉图构思出第四种政体，其中善良诚实的人们都应成为最高的主宰。这种政体就会是真正的自然的贵族政体。[1]由柏拉图构思出的这种政体是从诸民族的最初起源时就由天神意旨安排出来的。因为天神意旨安排了有一些身材巨大比其他人们都更强壮的人，像一些本性较强烈的野兽在山峰上浪游〔369—373〕，在世界大洪水之后，第一次碰上雷电的吼声，就会逃到山上一些岩洞里，尽管都是些骄横残酷的大汉子，却满怀震惊、疑惧，俯首听命于一种更高的权力，即他们所想象的天帝约夫〔377—379〕。因为在各种人类制度的

1　即所谓"哲学家们的政府"。—译注

这个体系中，我们想不出天神意旨能用什么其他办法来使这些骄横残酷的原始人停止在地上大森林中野兽般的浪游，以便在他们中间创造出各种文明（或民政）制度的秩序。

1098 这里形成的政权可以说是一种僧院式的政体，由一些孤零零的君主在一位最伟大最善良的主宰（指天帝）之下所形成的政体〔372，379〕。这位最高主宰是由这些君主们在雷鸣电闪中见到天神的真光时，为宗教信仰而由他们自己创造出来的，这真光就是：统治人类的就是他这位天神，于是他们就想象到凡是向人类提供各种福利和满足人类各种需要的事物全都是些神，并把这些事物都当作神来敬畏，[2] 于是他们一方面受到可怕的迷信的强烈钳制，另一方面又受到兽欲的怂恿刺激（在这种原始人身上两方面的力量都必然异常暴烈），他们就感到天威可怕，为阻止淫行，不得不把身体方面的淫欲冲动控制住（hold in conatus）〔340，504〕。这样他们就开始运用人的自由。这种自由就在于控制住淫欲的冲动迫使它转向另一方向；因为这种自由既然不是来自起淫欲的肉体方面，就必然来自心灵，所以是来自人类所特有的本性。转到的新的另一方向所采取的方式就是凭暴力把生性既羞怯而又不易驾驭的女人们抓住，把她们拖进自己的岩洞里去，为和她们进行性交，就把她们留作终身伴侣。这样，从这种最初的人

---

2 宗教的起源——神毕竟是人类出于实际需要而凭幻想制造出来的，即野蛮酋长性格的"异化"。——译注

道的，也就是贞洁的宗教性的配偶，就创建了正式婚姻制〔C2〕。从此，这类人就有了确凿可凭的父亲和确凿可凭的母亲养育出来的确凿可凭的子女〔D1〕。从此，这伙人就创建出一些家族，对他们的子女和妻子施行一种巨人式的家族统治，这是符合原始野蛮人狂暴特性的。因此，等到后来一些城市或城邦兴起时，人们才安心敬畏民政权威的统治〔502—552〕。从此，天神意旨就安排好了一种由父主们（在当时情况中实即君主们）施行独裁的一些确定的家族政体。这些父主们在性别、年龄和品德各方面都是最高贵的。他们在我们必须称之为自然体制（实即家族体制）之中就必然形成了最初的自然秩序，即一批虔敬的、贞洁的和强而有力的人们的秩序。他们既然在各自的土地上定居下来了，再不能逃开到别处去（像过去那样野兽般地到处浪游了），为保护他们自己和家族成员们，他们就要杀掉向他们侵袭的野兽。他们既然不再进行掠夺了，为供应自己和全家族的生活资料，就得开垦土地种庄稼。这一切都是为保存住新生的人类种族。[3]

1099　与此同时，还有很多人散居在平原和山谷中继续保持着可耻的杂交乱占的情况，这些人仍是不虔敬的（由于不敬畏天神）、不贞洁的（由于进行野兽般的杂交）和邪恶的（由于和自己的母亲及女儿乱交）。在一段长时间

3　这就是"英雄"时代的婚姻制和世族专政的起源。——译注

之后，他们由于过着与禽兽为群的生活，疾病交加，弄得羸弱，走迷了路，孤零零的，由于在可耻的杂交之中产生了争夺交哄，被一些强暴者无情地追来赶去，终于被迫跑到家族父主们所设的收容所那里去逃难。这些父主们就接受他们归自己庇护，接着就建立收容所，把自己的家族王国扩张到把这些"家人"或家奴也包括在内。[4] 这些父主们就在由于确实具有英雄品德而自然属于较高贵等级的基础上，使他们的政体得到进一步的发展。他们的首要的英雄品德是虔敬，因为他们敬畏神明，尽管由于智力短浅，他们根据各种忧惧，把一神扩充成为多神（这种多神化过程已由史学家狄奥多罗斯·什库路斯（Diodorus Siculus）研究和证实了〔4. 2ff, 6. 1ff〕，幼色比乌斯（Eusebius）在他的《为福音作准备》里〔2. 2〕，和亚历山大城的圣库理尔（St. Cyril）在《控诉朱利安（Julian）大帝》里〔7. 235ff〕都解说得更清楚）。由于父主们具有虔敬的品德，他们也就具有审慎的品德，遇事求神问卜；他们还具有节欲的品德，每个人都以贞洁的方式和唯一的、在求神问卜的典礼之下正式结成终生伴侣的那个女人交配；他们同时还有能杀死野兽和开垦土地的强壮气力，以及肯救助弱者和生命遭到危险者的宽宏大量〔516〕。[5] 这就是赫拉克勒斯式的（英雄）政体的自然本性。在这类政体中虔敬的、明

4　这是奴隶或平民的起源。——译注
5　这是婚姻制和佃农制的起源。——译注

智的、贞洁的、强而有力的、宽宏大量的人们能打倒狂暴者，保卫弱小者，这就标志出他们的民政政府的优点〔553〕。

1100 但是氏族父主们既已凭宗教和祖先的品德，和通过受庇护者的劳动而变得强大之后，终于滥用庇护的法律来对受庇护者进行残酷统治。等到父主们既已背离公道这种自然秩序，他们的受庇护者就起来向他们造反了。但是人类社会既没有秩序（这就是说，没有天神）了，就一刻也站不住，于是天意就引导氏族父主们自然地走向把他们自己和亲属团结成为一些阶层，来对抗他们的受庇护者们。为着绥靖这些受庇护者，氏族父主们就在世界上第一次土地法中向他们的受庇护者们让步，让受庇护者对所耕的土地拥有凭占领时效的所有权，而自己却仍保持权势者的所有权，即最高的氏族所有权。因此，最初的各城市就起来反对贵族们的统治阶层了〔582—598〕。原来在自然法状态中按照氏族、性别、年龄和品德方面的优越地位来形成的那种自然秩序既已衰颓了，天意就在城市既已兴起时创建出民政（或文明）秩序（civil orders）。[6] 这种民政秩序是最接近自然的：既凭人类的高贵性（因为在那种情况中高贵是以采取卜得神旨，举行正式结婚典礼来生育子女的方式为凭的），这样就是根据英雄体制，贵族们须统治平民

_____

6 这是民政和所有权的起源。——译注

们（平民们还不许举行正式结婚典礼）。现在神权的统治（原先各氏族都凭天神的占卜权来统治）既已停止了，英雄们就得凭英雄政府本身的形式来执行统治，也就是这类政体的基本制度应是由各英雄阶层保卫着宗教，而且通过这种宗教，使一切民法和制度都应只属于英雄们。但是等到贵族地位既已变成了运道的赠品（是否贵族可凭运道好坏），天意就安排了在英雄们中间有一种氏族父主阶层，由于年龄高，地位也就自然更高贵。在这些父主之中，天意又安排使那些最活跃强壮的英雄起来作为国王，其职责就在领导和约束其他父主们，以便抵抗和威胁那些起来向父主们造反的受庇护者。[7]

1101　但是随着岁月的推移和人类心智的远较巨大的进展，各族人民中的平民们终于对这种英雄体制的各种权利要求发生了怀疑，认识到自己和贵族们具有平等的人性，于是就坚持自己也应参加城市中各种民政机构里去，到了适当的时机，各族人民自己都要当家作主了，天意就让先有一段长时期的平民对贵族的英勇斗争，斗争的目的是要把原由贵族们独占的宗教方面的占卜权推广到平民方面去，以便达到把原来被认为都依靠占卜权的一切公私机构都推广到平民们，这样一来，正是对虔敬的关心和对宗教的依附就把民政最高权移交给人民了。[8]在这方面罗马人民在全

7　这是贵族专政和阶级斗争的起源。——译注
8　这是民主政体的起源。——译注

世界中比其他各族人民都先走了一大步。因此，罗马人就变成当时世界各族人民的主子。这样一来，随着原来自然秩序日渐合并到各种民政秩序里去，民众政体〔即民主政体。——译注〕就产生出来了。在这类民众政体里一切须归结为抽签或平衡，就难免偶然或命运的统治。天意为避免这种毛病，于是就安排了凭户籍法来权衡一个人是否适宜于当官。⁹因此，是勤奋者而不是懒怠者，是宽宏大量者不是心胸狭隘者，总之，不是具有某些品德或貌似具有品德的富人，也不是有过许多丑行的穷人，才被认为最适宜于当官执政。在这类民众政体里，同有公道愿望的各族人民全体就会制定出公正的法律，其所以公正，正因为这种法律对一切人都好〔1038〕。亚里士多德很神明地替这种法律下定义说，它表现出不带情欲的意志〔1042〕。这种意志就会是能控制自己情欲的那种英雄的意志〔1043〕。上述这些政体就产生了哲学去形成上述那种英雄。为此哲学就要关心真理〔1041〕。¹⁰这一切都是天意安排的，其目的在于显出品德的行为既然不再像以前那样由宗教情绪来推动，哲学就应使人从理念上认识各种品德，凭对品德理念的反思，使就连没有品德的人们也会对他们的丑行感到羞耻。只有这样，倾向于做坏事的人们才被迫去尽他们于理应尽的义务。天意还让各派哲学产生出雄辩术〔来宣传教

9 民主政体中一个重要制度即户口籍的起源。——译注
10 到了民主时代才进入了"人的时代"，才有法律，也才有哲学。——译注

育。——译注〕，而且凭推行这类好法律的民众政体本身的形态就足以使人热心寻求公道，而且凭品德的这些理念来鼓舞人民去制定好的法律。我们坚决认为这种修辞术极盛于罗马西庇阿大帝（Scipio）〔阿非利加的征服者，公元前二世纪。——译注〕时代，当时民政智慧和军事英勇很好地结合在一起，使罗马在迦太基的废墟上建立起当时的世界帝国，这就必然要产生一种既雄健而又审慎的修辞术。[11]

1102　但是随着民众政体的腐化，各派哲学也腐化了。它们落到怀疑主义里去了，渊博的愚夫们落到诽谤真理了。从此就兴起一种虚伪的修辞术，对是非两面的意见可以随便时而拥护这一方面，时而又拥护对立的一方面。这就是修辞学的滥用，例如罗马的平民派的护民官们就这么滥用修辞术。[12]当时公民们不再满足于用财产作为当官的阶梯，就把修辞学当作获得政权的工具。于是就像狂暴的南风掀动了大海，这些公民们也在他们的政体里掀起了频繁的内战，导致纲纪的完全废弛。这样他们就使政体由完全自由，堕落到无政府状态下的完全暴政或自由人民的毫无约束的自由，这就是最坏的一种暴政。[13]

1103　对这种大病，天意按照下列几种人类民政制度变迁的次第来医治，不外在下列三种医方中采取一种：

11　罗马帝国的诞生，成了政治教育宣传工具。——译注
12　滥用修辞术，纲纪废弛，陷入无政府状态。——译注
13　暴政的起源。——译注

1104 （1）首先天意安排了在这些民族中出现一位像奥古斯都大帝那样的人，把自己定为一位独裁君主，凭武力把全部制度和法律都掌握在自己手里，这些制度和法令尽管本来都是来自自由，现在已无法把它们加以节制和约束在适当的范围之内了。另一方面天意还安排好，使君主独裁这种政体形态本身能把尽管拥有无限主权的独裁君主的意志约束在自然秩序之内，能使各族人民对他们的宗教和自然的自由感到心满意足〔1007f〕。因为如果没有各族人民的心满意足，君主独裁政体终不能经久，也不能稳定。[14]

1105 （2）如果天意在国内找不到这样的补救方法，它就在国外去找。因为各族人民既已腐化到自然而然地成为自己的各种毫无约束的情欲（例如爱铺张浪费、妖冶、贪婪、妒忌、骄横和爱虚荣之类）的最下贱的奴隶了，总是追求淫逸生活的乐趣，又返回到最下贱的奴隶们所特有的一切丑行（又变成了说谎者、诈骗者、搬弄是非者、盗贼、胆小鬼和冒充者），这时天意就注定了这种人就应按照来自各民族的部落自然法，沦为奴隶，受制于比他们较优秀的民族。这些较优秀的民族既已凭武功征服了他们，就把他们放在所管辖的各行省（provinces）里去保存下来。这种行省里，照耀着自然秩序的两道光辉。第一是不能自

14　这是君主独裁制的起源。——译注

治者就要受治于他人，其次是世界总是受治于自然最适宜的统治者。[15]

1106 （3）但是如果各族人民在上述那种极端严重的民政大病中腐化下去，既不能协议在国内找一位独裁君主，又没有受到国外的征服，由较优秀的民族把他们保存住，那么，天意对他们的这种极端的重病，手上也有一种极端的拯救医方可用。因为这类民族，像那么多的野兽一样堕落到一种习俗里，人人都只想到个人的私人利益，达到极端软弱，或较好一点，达到极端骄横，他们就像一群野兽一样，稍有不快意时就耸起鬃毛，勃然大怒，拳打脚踢起来。这样，不管他们的许多肉体多么挤来挤去，冲来冲去，他们都像一群野兽一样，在意志和精神方面都极端孤寂地生活着，任何两个人都不能达成协议，因为每个人都只服从自己的快感或反复无常的幻想。由于这一切，天意就注定了他们通过固执的派系斗争和拼命内战，就将把他们的城市变成森林，又把森林变成人的兽穴和兽窝。这样，经过长期的野蛮生活，后来使他们变成野兽的那种邪恶心眼所产生的那些刁钻古怪的想法，就生锈腐烂掉了。原始人是曾被感觉功能的野蛮性作弄成的一些无人道的野兽，而现在这批野蛮人却被反思功能的野蛮性作弄成为一批更无

---

15 这是帝国主义制度的起源，没落的民族受到先进民族的统治。"行省"的起源。——译注

人道的野兽了〔L3〕。[16] 因为原始人还显示出一种宽宏大量的野蛮习性，人们对这种野蛮习性还可以自卫、逃脱或保持警戒，而现在这批野兽却具有一种卑鄙的野蛮习性，在甜言蜜语乃至拥抱的掩护下，图谋侵害朋友乃至亲骨肉的生命和财产。因此，达到了存心害人这种程度的野蛮人在受到天意的最后拯救医方中就变得耳昏目眩，真正野兽化了。不再感觉到各种舒适、精美食物、乐趣和壮丽排场了，只感觉到生活的绝对必需品了。从有少数人在还有丰富的生活必需品的情况下，还可幸存，他们又自然地变成了可以过社会生活，就回到原始人世界的那种朴素生活，又变成信宗教、真诚而忠实了。这样，天意就把虔敬、信仰和真理带回到这批人中间，而虔敬、信仰和真理这三项正是公道的基础，也是天神的永恒秩序中一切仁慈和优美事物的自然基础。

1107　我们关于全人类的各种制度所已提出的简单明了的看法，如果哲学家们、历史家们、语言学家们不曾告诉过我们更多的东西，就会使我们确有把握地说：这就是天神所创建和统治的全世界各民族的大城邦〔B9〕。来可噶斯、梭伦以及罗马十大执政官等人曾作为明智的立法者而永远受人们的极高度的崇敬，因为前此人们都相信这些

16　人原是野兽，到了有反思能力时，就会被些歪理弄成为比过去野蛮时代更无人道的野兽。要拯救这种大灾难，还是要靠宗教虔诚、信仰和真理这三项公道基础。——译注

人凭他们所制定的良好的制度和法律，创建了斯巴达、雅典和罗马这三个城邦，在最高尚伟大的品德方面使一切其他城邦都望尘莫及。可是三个城邦比起全世界各民族来，统治时间都很短，而疆域也都很小。全世界各民族也都须用这些制度来治理，用这些法律来维持安全，就连到了衰微时期要采取的政权形态，也还是到处都只有靠法律才能维持长久的那些政权形态。我们不应该说这是由一种超人的智慧所计划好的吗？因为它不诉之于法律的力量（狄阿〔308〕说，法律的力量就如同暴君一般），而是依凭人们的习俗（人们凭习俗做事，那么他们在表达自己的本性时就不必诉之于力量。因此狄阿又说，习俗如同以快乐来领袖群伦的君王），因此它能以神圣的方式来君临统治〔上述的城邦〕。[17]

1108　这个包括所有各民族的人类世界确实是由人类自己创造出来的[18]（我们已把这一点定为本科学的第一条无可争辩的大原则，因为我们从哲学家们和语言学家们那里已费尽心思想找出这样大原则而终于使我们绝望了〔330f〕）；不过这个世界所自出的那种心智往往是不一致的，有时彼此相反的，而且经常超出人们自己所追求的

17　说明法律的重要，维柯到此才说明他的本意，即他所谓"部落自然法"毕竟来自人们自然形成的习俗和人类自己的本性和共同信仰。——译注
18　着重点由译者所加，这是《新科学》的基本思想，也是维柯的真正的伟大创建。——译注

那些个别特殊的目的；用这些狭小的目的来为较广泛的目的服务，人类心智经常用这种办法来把人类保存在这个地球上〔M9，342，344〕。人类存心要满足自己的淫欲而抛弃自己的子女，而他们却创建了合法的正式结婚制，各家族就是由婚姻制产生的〔505，520ff〕。家族父主们存心要对自己的庇护者们毫无节制地运用父主权，而他们却被迫使受庇护者服从民政权力，诸城市就是由民政权力产生的〔584〕，贵族的统治阶层存心要对平民们滥用主子的自由，而他们却不得不服从法律，而法律就奠定了民众自由〔598〕。各族自由的人民存心要摆脱他们的法律束缚，而他们却变成服从独裁君主的臣民〔1007f，1104〕。[19]独裁君主们存心要巩固自己的地位，于是用各种骄奢淫逸坏风气来腐化臣民，来巩固自己的地位，而结果却被迫服从奠定民众自由的法律，把人民送交较强民族手里去忍受奴役〔1105〕。这些民族存心要瓦解自己，而他们之中的幸存者却逃到荒野里去求安全，在那荒野里他们像不死的凤鸟，死了又活过来了〔1106〕。[20]造成这一切情况的都是心智，因为人们是凭理智来做出这一切的；是心智而不是命运，因为他们这样做是经过选择的；也不是偶然的机会，因为他们经常这样做的结果也永远是一样的〔F6〕。

1109　因此，相信偶然机会的伊壁鸠鲁被事实批驳倒

19　罗马帝国时代的君主独裁有利也有弊。——译注
20　野蛮时代的"复归"过程。——译注

了，他的门徒霍布斯和马基雅维利也是如此；相信命运的韧诺和斯宾诺莎也是如此。证据清楚地证实了以柏拉图为首的那派政治哲学家的与此相反的立场。柏拉图证明了，指导各种人类制度的是天意〔129ff，179〕。所以西塞罗做得很对，他拒绝和阿提库斯（Atticus）辩论法律，除非阿提库斯放弃他的伊壁鸠鲁主义，首先承认统治各种人类制度的是天意〔335〕。普芬道夫凭他的假设就已隐含否定天意统治人类制度的意思〔335〕，至于格罗特则根本不提天意安排〔394〕，但是罗马法学家们却把天意安排定作部落自然法的首要原则〔310，335，342，584，979〕。本科学则已充分证明：凭天意，世界上最初各种政府都以宗教为他们的整个形式，只有依据宗教，氏族政权才有基础，由氏族政权转到各种英雄式或贵族式的民政政府，宗教也必定是他们的首要的坚实基础。上升到民众政府体制，宗教依然向各族人民提供达到各种民众政府的手段。最后政权安顿在各种君主独裁的体制上，也还是宗教成了君主们的护身符。因此，如果各族人民中没有宗教，就没有什么能使他们在社会里生活了；没有防卫的盾牌，没有共商国是的手段，没有支撑的基础，甚至简直没有使它们可以在世界上存在的任何形式。[21]

　　1110　那么就请伯尔（Bayle）考虑一下：事实上世界

21　以上批判了西方法学家们的一些错误观点，说明宗教的必要性，反对命运观和偶然机会观，强调政体变更的理性和必然性。——译注

上是否有任何民族没有任何对天神的认识〔334〕！请波里比阿（Polybius）衡量一下他所说的"世界上如果有了哲学家们，就毋需再有宗教"那句话是否确实〔179〕！因为只有宗教才能打动各族人民的情感，去做各种德行方面的事，也只有情感才能驱遣他们这样做，而哲学家们关于德行的得自推理的格言，只有在由高明的修辞术把实行德行的职责的情感煽动起来时才有用处。不过我们的基督教和一切其他宗教之间有一种本质区别，基督教才是真实的而其他宗教却全是虚伪的。在我们的基督教里，神的恩惠推动合乎道德的行为来达到一种永恒无限的善〔136，310〕。这种善不能来自各种感官，所以只有心灵为达到这种善，才推动感官去采取各种合乎道德的行为。各种虚伪的宗教则与此相反，只要求各种有限的暂时的善，无论是在现世还是在来世（在来世他们期待的也只是感官快感的福泽），因此，要凭各种感官来驱遣心灵去做各种合乎德行的工作。

1111 但是天神意旨通过本科学所讨论的各种民政制度的次第使它本身（天神意旨）在三种情感里可以感觉得到：第一是惊奇感；其次是崇敬感，这是被以往一切在古人无比智慧方面的博学者们都感觉到的；第三是他们在探讨这种智慧时心中所感到的火热的强烈愿望。这三种情感事实上就是天神意旨的三道强光在人们心中所引起的，但是这三种优美正直的情操后来被学者们和各民族的讹见所歪曲了〔125，127〕。未受歪曲的三种情感正是学者们所应赞赏、崇敬和愿望的，以便使自己和天神的无限智慧融成一体。[22]

1112 总之，从本书上文所已提出的一切最后应得出这样结论：本不虔敬的人，就不可能是一个真正有智慧的人。[23]

---

22 维柯突出了意志和情感的动力或动因（conatus）在社会发展中的推动作用，这就开辟了近代史中一个新的方向。——译注

23 维柯在罗马教廷裁判所威胁下始终不敢反对宗教，但是他认为宗教所信仰的天神毕竟都是部落酋长把他们自己的狂暴本性加以对象化的，这正是后来费尔巴哈《基督教的本质》一书的主要观点。——译注